आरोग्य-दोहावली

दोहा-संग्रह

अञ्जनी 'अमोघ'

अंजुमन प्रकाशन

Title : Arogya Dohawali
Author : Anjani Amogh

Published By-
Anjuman Prakashan
942, Mutthiganj, Prayagraj, 211003
www.anjumanpublication.com
anjumanprakashan@gmail.com

Paperback, First published by Anjuman Prakashan in 2022
ISBN : 978-93-91531-86-7
Copyright © 2022 Anjani Amogh
Printing rights reserved : Anjuman Prakashan 2022
Cover & Typeset by Anjuman Prakashan

Price in india: 200/-

समर्पण

अनंत आकाश के नक्षत्र-कुल-कीर्ति गौरव, जिनके तेज से हम सपरिवार आलोकित है, ऐसे यशःशेष पितामह बोधनारायण शुक्ल एवं कीर्तिमयी पितामही यशः-शेष दुलारी देवी को समर्पित।

पुरोवाक्

अञ्जनी अमोघ जी को एक श्रेष्ठ कवि के रूप में जानता था, किन्तु वे आयुर्वेद के इतने मर्मज्ञ है यह स्वरूप उनका मैं इस 'आरोग्य-दोहावली' कृति से देख रहा हूँ। योग प्राणायाम, आसन संग आहार व औषधियों का उनका कितना गहन अध्ययन है यह उनकी इस अनूठी कृति से दृष्टिगोचर होता है। पहले वैद्यों को भी कविराज कहा जाता था क्योंकि अधिसंख्य नुस्खे पद्य में होते थे क्योंकि उन्हें याद करना अत्यंत सुगम होता था। मुझे आज भी दन्त-चिकित्सा का यह दोहा जो मैं बचपन में किसी वैद्यकीय-पुस्तक में पढ़ा था वह याद है-

त्रिफला, त्रिकुटा, तूतिया, पाँचों नमक पतंग।
दाँत वज्र सम होत हैं, माजू फल के संग।।

इसी तरह के प्रयोग श्री अमोघ जी ने अपनी इस पुस्तक में किये हैं। योग प्राणायाम एवम् आसन से कठिन विषय को दोहा छंद में आपने अत्यंत सरल तथा सहज भाषा-शैली में बड़ी आसानी से समझाया हैं। जिसे सुनकर अनपढ़ व्यक्ति व कम पढ़ा लिखा व्यक्ति भी सुगमता पूर्वक स्मरण कर सकता है। पारंपरिक वैद्यकीय पुस्तकों की भाँति लिखी गई यह पुस्तक इस हेतु भी अनूठी है, क्योंकि इसमे योग प्राणायाम, आसान एवम् औषधियों के अतिरिक्त आहार के विभिन्न घटकों को जोड़ा गया जिसे पढ़कर व अपने जीवन में उतार कर कोई भी व्यक्ति स्वयं अपना उपचार कर विभिन्न रोगों से मुक्ति पा सकता है।

योग के अंतर्गत मर्कटासन का वर्णन कितना बोधगम्य है-

मर्कट-आसन नित्य हो, हल्का करता पेट।
हाथों को खोलें अधिक, दाये-बायें लेटा।।1।।

जोड़-दर्द नितम्ब सहित, कमर-दर्द में लाभ।
दस्त-कब्ज भी ठीक हो, अंग बने हेमाभ ।।2।।

हलासन के लाभ बहुत सरल तरीके से दोहो में व्यक्त किए गये है

अंग-अंग में लोच हो, आसन करे प्रभात।
गर्दन-हड्डी ठोस हो, शीश-दर्द दे मात।।1।।

अग्न्याशय बेहतर हो, तन भागे मधुमेह।
हल-आसन को कीजिए, रोग न आये देह।।2।।

गोमुख आसन की विशेषता निम्न शब्दों में छन्दोबद्ध किया है-

सन्धिवात अतिकम करे, होता वक्ष-विकास।
अण्डकोश की बृद्धि हो, जगते नाना आस।।1।।

धातु-रोग बहुमूत्र में, गोमुख-आसन लाभ।
महिलाएँ नियमित करे, बदन बने श्वेताभ।।2।।

इसी प्रकार मत्स्यासन, सर्वांगासन, सुप्तवज्रासन, धनुरासन, नौकासन, गर्भासन, पर्वतासन, शशकासन, गोरक्षासन, मर्कटासन, मण्डूकासन, सिद्धासन, सिंहासन, भुजंगासन, ताड़ासन आदि आसनों पर लिखे गये दोहे अत्यन्त सरल व अपने आप में आसनों के सम्पूर्ण गुणों को व्यक्त करने में समर्थ हैं। उदाहरण के लिए सेतुबन्ध-आसन के विषय में लिखा गया यह दोहा-

दमा-व्याधि में लाभकर, पीठ-रोग हो ठीक।
नियमित आसन कीजिए, हो जीवन निर्भीक।।

प्रमुख आसनों के साथ विभिन्न मुद्राओं, दण्ड, षट्कर्म, सूर्य-नमस्कार एवम् आठों प्राणायाम को बहुत सरल भाषा में छन्दोबद्ध किया गया है। अनुलोम-विलोम प्राणायाम के लाभ में लिखा गया दोहा-

बायें-दायें नाक से, हो अनुलोम-विलोम।
धीरे-धीरे श्वांस लें, ध्यान करें नित ओम्।।1।।

संधिवात, गठिया सहित, भागे वात-विकार।
धातु-रोग में कारगर, हो नज़ला-उपचार।।2।।

इसी प्रकार औषधीय पेड़-पौधों के गुण-धर्मों का विवरण अत्यन्त लाभप्रद व जनोपयोगी है। अपने आस-पास पाये जाने वाले पेड़-पौधों से ही शरीर के समस्त रोगों का उपचार इस पुस्तक को पढ़कर किया जा सकता है। एक-एक वनस्पति रोगोपचार हेतु कितना प्रभावी है, यह इस पुस्तक के दोहों को पढ़कर अत्यन्त सहज ढंग से जाना जा सकता है। देखिए अमलतास पर लिखें दोहे-

अमलतास पत्ता करे, कुष्ठ-रोग को दूर।
चर्म-रोग में कारगर, खुजली हो काफूर।।1।।

अमलतास की छाल का, नियमित सेवन अर्क।
न्यून करे मधुमेह को, दिखे माह में फ़र्क़।।2।।

इसी क्रम में अर्जुन की छाल –
नियमित सेवन छाल का, कम करता मधुमेह।
सुबह-शाम काढ़ा पिये, फुर्ती आये देह।।1।।

नागबला, केवांच मे, डाले अर्जुन-चूर्ण।
औषधि है क्षय-रोग की, लाभ करे सम्पूर्ण।।2।।

इसी तरह फल में पाये जाने वाले विटामिन, प्रोटीन एवम् औषधीय गुणों को बहुत अच्छे से बताया गया है अखरोट पर रचित दोहे कितने सटीक है-

कैंसर में अति लाभकर, मल होता है साफ़।
सूजन, पथरी-पित्त की, हो जाती है हाफ़॥1॥

ओमेगा संतुलित हो, एंटीऑक्सीडेंट।
ऊर्जा देता स्नायु को, खायें परमानेंट॥2॥

अमोघ जी ने लगभग 50 प्रमुख फलों में पाए जाने वाले तत्त्वों एवं औषधीय गुणों को बहुत सरल ढंग से छन्दोबद्ध किया खजूर के गुणों का वर्णन करते हुए लिखा है कि-

बवासीर, पाचन सहित, कैंसर-रोग बचाव।
यौन-शक्ति ऊर्जा बढ़े, भागे अंग-तनाव॥1॥

मिलता शोरा, सोडियम, भरा पड़ा ग्लूकोज़।
फ़ास्फ़ोरस, मिनरल्स है, रहता है फ़्रक्टोज़॥2॥

चीकू फल की गुण में लिखा गया दोहा साहित्य का पूर्ण वैज्ञानिकीकरण करता है
भास्वर, रेशा संग में, एंटीऑक्सीडेंट।
लेटेकस-मात्रा अधिक, ऊर्जा का एजेंट॥1॥

पानी तन में दूर हो, करता दूर तनाव।
पित्त, क़ब्ज़ नाशक रहे, खायें चीकू चाव॥2॥

इसीप्रकार अंगूर, अंजीर, अदरक, अरवी, कालीमिर्च, केशर, खसखस आदि पर लिखे गये दोहे कितने लाभकारी है वह तो अमोघ जी भी इस कृति को पढ़कर ही जाना जा सकता है।

औषधियों व रोगों के वर्णन में अनेक देशज व सर्वग्राही शब्दों का प्रयोग किया

गया है तथा जहाँ आवश्यक है वहा अंग्रेजी, अरबी, फ़ारसी के प्रचलित शब्दों से परहेज नहीं किया गया है, जिससे इन दोहों की सहजता व बोधगम्यता बढ़ी है।

आपने सब्ज़ी, अनाज, मसाला, के आयुर्वेदिक एवम औषधीय गुणों के साथ किस पदार्थ को खाने से क्या लाभ है और क्या हानि है इसको दोहे में लिखकर इस पुस्तक की सार्थकता को सिद्ध कर दिया है

अजवाइन पर आपने लिखा है कि

अजवाइन में गुण कई, बदले तन तक़दीर।
चोट-मोच राहत मिले, कम हो वपु के पीरा॥1॥

मारे कीड़े पेट के, हटता क़ब्ज़-विकार।
कील-मुहाँसे की दवा, यौन-रोग उपचारा॥2॥

पालक के गुण को आपने बड़ी सरलता से दोहे में लिखा

मेमोरी अति तेज हो, रक्त-अल्पता दूर।
अग्न्याशय में लाभकर, आँख दवा मशहूरा॥

विज्ञान के कठिन शब्दों का प्रयोग करने के बावजूद भी दोहे में प्रवाह की कमी नहीं है फ़ास्फ़ोरस, मैग्नीशियम, मैग्नीज, सोडियम विटामिन, सेलेनियम, कैल्शियम, थायमिन, कैरोटीन, केलोस्ट्राल, कोर्बोहाईड्रेट, एन्टीवैक्टीरियल, एंटीबायोटिक, एंटीऑक्सीडेंट, आदि शब्दों के प्रयोग के बावजूद दोहे में कही भी मुझे धारा प्रवाह की कमी नहीं महसूस होती है। दोहे की संप्रेषणीयता इतनी अच्छी है कि, पाठक प्रभावित हुये बगैर नहीं रह सकता। मुझे लगता है कि यह पुस्तक अथर्ववेद का हिंदी रूपांतरण है आरोग्य-दोहावली जनोपयोगिता की दृष्टि से अनमोल कृति है।

मैं सोचता था यह वीर रस के कवि है वा अस्त्र-शस्त्र जो बिना चूके शत्रु पर प्रहार करते है उन्हें 'अमोघ' कहते है, इसलिये इन्होंने अपना नाम 'अमोघ' रखा है किन्तु इस पुस्तक में कैंसर, दमा, मधुमेह, स्नायु रोग, सियाटिका जैसे असाध्य रोगों के अनेक

अचूक नुस्खों का वर्णन दोहों में किया है, जो 'अमोघ' उपनाम को सार्थक करता है। यही नहीं जिस प्रकार लक्ष्मण को शक्ति लगने पर उसके उपचार हेतु अञ्जनीकुमार हनुमान् जी संजीवनी लेकर आये थे। ठीक उसी प्रकार अञ्जनी 'अमोघ' जी की इस अनूठी कृति में दोहों के माध्यम से प्रणीत अमोघ औषधीय नुस्खे जन-जन के स्वास्थ्य हेतु संजीवनी साबित होंगे। स्वच्छ भारत की तरह स्वस्थ भारत के निर्माण में यह कृति मील का पत्थर बनेगी। प्रिय अञ्जनी 'अमोघ' जी को बहुत-बहुत साधुवाद, शुभकामनाएं बधाइयाँ व शुभाशीष।

भवदीय
कमलेश मौर्य 'मृदु'
(पूर्व सदस्य राजभाषा सलाहकार समिति
कृषि मंत्रालय भारत सरकार)

शुभकामनाएँ

कवि अञ्जनी 'अमोघ' मूलतः ओज के कवि के रूप में ख्याति नाम है, इन्होंने एक पुस्तक 'आरोग्य-दोहावली' शीर्षक से रचा हैं, जो योग और स्वास्थ्य की दृष्टि से बहुत ही उपयोगी सिद्ध होगी, ऐसा मेरा विश्वास है। इस 'दोहावली-आधारित' पुस्तक में अनेक आसनों के विवरण के साथ-साथ ओषधियों, फलों को भी उनके महत्त्व के साथ वर्णित किया गया है। इसके अध्ययन-पठन से पाठकों को बहुत लाभ होगा, ऐसा मेरा मानना है।

इसके लिये मैं कवि अञ्जनी 'अमोघ' को बहुत-बहुत बधाइयाँ और शुभकामनाएँ देता हूँ।

लोकेशकुमार शुक्ल

सहा; निदेशक (कार्यक्रम)/ कार्यक्रम प्रमुख

आकाशवाणी, इलाहाबाद

आत्मकथ्य

जगदीशचन्द्र बसु भारतीय वनस्पति वैज्ञानिक थे। पौधे साँस लेते हैं इसको सबसे पहले उन्होंने खोजा था। इस बड़ी खोज पर बसु को ब्रिटिश प्रोफेसर की भाँति न तो वेतन दिया जाता था, न कोई सुविधा प्रदान की जाती थी। उन्होंने इसका पुरजोर विरोध किया और एक बार कहा था, कि "नयी खोज हमेशा विद्रोही विचार धारा के लोग कर सकते हैं न कि कोई परजीवी"। प्रकृति के सुकुमार कवि सुमित्रानन्दन पंत जी की ये पंक्तियाँ-

"वियोगी होगा पहला कवि, आह से उपजा होगा गान।
निकल कर आँखों से चुपचाप, बही होगी कविता अंजान"॥

जितना सत्य है उतना ही सत्य मुझे जगदीशचन्द्र बसु के विचार लगते है। ये ध्रुव सत्य है कि, क्रांति की कविता स्वतंत्र विचारधारा वाला कवि ही लिख सकता है न की दरबार में रहने वाला कवि। मेरी पुस्तक 'आरोग्य-दोहावली' साहित्य की कसौटी पर कितना खरी है इसकी समीक्षा तो वरेण्य साहित्यकार एवं समीक्षक ही करेंगे किन्तु मैंने अपने दोहों में योग प्राणायाम, आसन, आयुर्वेद के लाभ एवं पदार्थों में पाये जाने वाले पोषक व रासायनिक तत्त्वों, मिनिरल्स, विटामिन,प्रोटीन,खनिज लवण के गुण एवं लाभ का समावेश करके, आहार व्यवस्था को काव्य के माध्यम से बताने का सबल प्रयास किया है।

आजकल कई विधाओं में कविता-संग्रह, ग़ज़ल-संग्रह, कहानी-संग्रह आदि प्रकाशित हो रहे हैं। मैंने भी वीररस में लिखा एक छन्द-संग्रह प्रकाशित करवाने के विषय में सोचा जो लगभग पूर्ण हो चुका है। किन्तु कोरोना काल की विभीषिका ने मन में क्रांतिकारी परिवर्तन कर दिया फिर ऐसा लगा कि, कोई ऐसी रचना की जाय जो जीवन के लिए अत्यंत उपयोगी एवं महत्त्वपूर्ण हो। मैंने पाया कि, इस भाग-दौड़ भरी ज़िन्दगी में आरोग्य जीवन जीना बहुत कठिन है। व्यक्ति का आहार असंतुलित,

दिनचर्या अनियमित हो गयी है। व्यक्ति अपने धनार्जन का ज़्यादा हिस्सा चिकित्सा पर खर्च कर रहा है। योग प्राणायाम, आहार पर विश्व की कई भाषाओं में गद्यात्मक पुस्तक बहुतायत उपलब्ध हैं। मेरी जानकारी के अनुसार इस विषय पर बहुत कम जानकारी काव्य के माध्यम से दी गयी है। इन विषयों पर लिखते समय समस्या यह थी कि, काव्य की किस छन्द विधा में रचना की जाय, जिससे सुधी पाठकगण सरलता से विषय-वस्तु को समझ सकें। घनाक्षरी, कुकुभ,चौपाई, हरिगीतिका, सवैया, लावणी, सार, ताटक, आल्हा, सरसी आदि छन्दों में विषय-वस्तु कह पाना और समझ पाना दोनों कठिन था। ऐसी स्थिति में मैंने निर्णय लिया कि दोहा-छन्द में सम्पूर्ण रचना की जाय। इसका प्रमुख कारण यह है कि, दोहों को जनमानस, आसानी से समझ लेता और अधिक समय तक व्यक्ति के याददाशत में बना रहता हैं। पुस्तक दो भागों में विभाजित है। प्रथम खण्ड में योग प्राणायाम, आसन एवं औषधीय पेड़-पौधे शामिल है तथा द्वितीय खण्ड में आहार के अन्तर्गत अनाज, फल, मसाला एवं सब्जी पर दोहे लिखे गये है। पुस्तक में किसी भी विषय पर न्यूनतम 3 दोहे एवं अधिकतम 10 दोहे हैं। प्रत्येक दोहे में लाभ का अधिक उल्लेख है जहाँ आवश्यकता हुई वहाँ पर हानियाँ भी बतायी गयी हैं। विषय को छन्दोबद्ध करने के साथ-साथ देवनागरी वर्णमाला क्रम में क्रमबद्ध भी किया गया है। जैसे बैठकर आसन में सर्वप्रथम उत्तानपादासन, कन्धरासन, कर्णपीड़ासन का क्रम है, पेट के बल आसन में, धनुरासन, भुजंगासन का क्रम है,औषधि में अमलतास, अर्जुन की छाल का क्रम है, फल में अखरोट, अंगूर, अंजीर, आदि का क्रम है। दोहे में कार्बोहाईड्रेट, एंटीबैक्टीरियल, अमोनियम फ़ास्फ़ोरस, पोटैशियम, कैल्शियम, विटामिन, थायमीन, नियासिन, मैग्नीज, ओमेगा-श्री, जैसे शब्दों का समावेश करना कठिन था और इनसे दोहों का प्रवाह भी बाधित हो रहा था, लेकिन इनका हिन्दी रूपांतरण लिखना और कठिन कार्य था जैसे विटामिन की हिन्दी 'स्वास्थ्य वर्धक तत्त्व' है, जिसका दोहे में प्रयोग असम्भव सा प्रतीत होता है। विटामिन शब्द का प्रयोग भी दोहे के प्रथम-तृतीय चरण के आरम्भ एवं प्रथम, द्वितीय, तृतीय, चतुर्थ चरण के अंत में नहीं हो सकता। अब विटामिन शब्द के पहले तीन मात्रा के शब्द का प्रयोग करके ही प्रथम, द्वितीय, तृतीय, चतुर्थ चरण में इसका प्रयोग कर सकते हैं। हमने विज्ञान के, फ़ाइबर=रेशा, आयरन=लोहा, फ़ास्फ़ोरस=भास्वर,

जिंक=जस्ता, कॉपर=ताँबा मैग्नीशियम=भ्राजातु, पोटैशियम=शोरा का प्रयोग सुविधा एवं मात्रा के अनुसार किया है।

प्रस्तुत कृति में योग प्राणायाम, आहार, आयुर्वेद के तथ्य, देश-विदेश के विभिन्न प्रमाणिक शोध-संस्थानों के लेखों एवं कई ख्यातिलब्ध विद्वान् योगाचार्यों की पुस्तकों के अध्ययन तथा अथर्ववेद के गहन अध्ययन के आधार पर क्रमबद्ध एवं छन्दोबद्ध करने का प्रयास किया गया है। सुधी पाठकगण से अनुरोध है कि, वह किसी भी गंभीर एवं साधारण बीमारी की चिकित्सा के लिए अपने योग्य चिकित्सक से परामर्श करके ही, अपनी चिकित्सा प्रारम्भ करें।

काव्य-यात्रा के लम्बे समय में देश के विभिन्न मंचो पर काव्य पाठ करने का सौभाग्य मिला मंचो पर साहित्य जगत् के वरेण्य अग्रज, समकक्ष एवं अनुज रचनाकारों का शुभाशीष एवं स्नेह प्राप्त होता रहा है। सभी ने 'आरोग्य-दोहावली' कृति के विषय में उत्साहवर्धन किया जिसमें कुछ प्रमुख नामों का उल्लेख अतिआवश्यक है~जिसमे लखनऊ से डॉ. ओम 'नीरव', डॉ. दिनेश अवस्थी, कविता तिवारी, डॉ. मालविका 'हरिओम', प्रमोद द्विवेदी, डॉ. अशोक 'अज्ञानी', डॉ. निवेदिता श्री, आदित्य द्विवेदी, डॉ. सर्वेश 'अस्थाना', मुकुल 'महान', वेदव्रत वाजपेयी, डॉ नरेंद्र भूषण, शोभा दीक्षित 'भावना' योगेश चौहान, विपिन 'मलिहाबादी', डॉ. सीमा गुप्ता, प्रख्यात मिश्रा, डॉ. श्वेता 'मधुर', डॉ अतुल वाजपेयी, माधव वाजपेयी, अजय 'प्रसून', डॉ. राघवेन्द्र मिश्रा 'प्रणय', ज्योति राय, निशा 'नवल', देश के शीर्षस्थ कवि मेरठ से डॉ. हरिओम पवार, अनामिका जैन 'अम्बर', सौरभ जैन 'सुमन', प्रतीक गुप्ता, वेद ठाकुर, उमंग गोयल, इटावा से गौरव चौहान, कतर से डॉ जलील 'निजामी', उत्तराखंड से डॉ. कविता भट्ट, डॉ. ओमशंकर मिश्र, विवेक चौहान, हिमांचल से शिव पंचाकरण, हरियाणा से डॉ. अशोक बत्रा, राजस्थान से श्री योगेंद्र शर्मा, हरिचंद शर्मा, बाराबंकी से श्री राम किशोर तिवारी, शिवकिशोर तिवारी 'खंजन', दुष्यंत शुक्ल 'सिंहनादी', विकास 'बौखल', शिवकुमार 'व्यास', संजय 'सांवरा', संदीप 'अनुरागी', प्रदीप 'महाजन', सुनील 'हर्ष', विनय शुक्ल, अजय 'प्रधान', मनोज 'शीत', जगन्नाथ 'निर्दोष', अम्बरीष 'अम्बर', सर्मेश शर्मा फरुखाबाद से डॉ ओम शिव 'अम्बर', रायबरेली से श्री मधुप श्रीवास्तव 'नरकंकाल', निर्मल प्रकाश श्रीवास्तव 'निर्मल', अनुज अवस्थी, देवेन्द्र 'देवन', गोविंद

'गजब', संदीप 'शरारती', नीरज पाण्डेय 'शून्य', दीपेन्द्र श्रीवास्तव, संतोष दीक्षित, शिवतोष 'संघर्षी', डॉ. देवी बख्श सिंह, जमुना पाण्डेय 'अबोध', सीतापुर से श्री कार्तिकेय शर्मा, रजनीश मिश्रा, जगजीवन मिश्रा, संदीप 'सरस', लखीमपुर से श्री फारुख 'सरल', संजीव मिश्र 'व्योम', रंजना सिंह 'हया', ज्ञानेन्द्र 'वत्सल', हरदोई से श्री अजीत शुक्ल, करूणेश दीक्षित, पवन कश्यप,अजीत तोमर वाराणसी से श्री भूषण त्यागी, सर्वेश मिश्र, बृजेन्द्र नारायण द्विवेदी, डंडा 'बनारसी', विभा शुक्ल, सांड 'बनारसी', अम्बरीश ठाकुर, दीनानाथ द्विवेदी 'रंग', दमदार बनारसी चंदौली से मनोज 'मधुर', नन्दशंकर पाठक, मऊ से श्री पंकज 'प्रखर', औरैया श्री अजय 'अंजाम', उरई से श्री पुष्पेंद्र 'पुष्प', बुलन्दशहर से डॉ. अर्जुन सिसौदिया, फतेहपुर से श्री शिवशरण 'बन्धु', नवीन शुक्ल, प्रवीण 'प्रसून', जौनपुर से श्रीमती विभा मिश्र, नासिर 'जौनपुरी', चित्रकूट से श्री मनीष शुक्ल, सुनील 'नवोदित', झाँसी से श्री संजीव द्विवेदी, अर्जुन सिंह 'चाँद', अब्दुल जब्बार 'सारिब', कानपुर से श्री मनीष 'मीत', आनंद 'तन्हा', डॉ ध्रुव त्रिपाठी, भावना तिवारी, डॉ. अंजना कुमार, बरेली से श्री राजेश मिश्रा, कमलकांत तिवारी, आनंद पाठक, नगमा 'बरेलवी', अयोध्या से श्री अशोक 'टटम्बरी', यमुनाप्रसाद उपाध्याय, पंकज श्रीवास्तव, अरूण द्विवेदी, वेदप्रकाश द्विवेदी, गोंडा से वी पी सिंह 'वत्स' श्री प्रेम 'गोड़वी', बस्ती से श्री राजेश मिश्रा, अमेठी से श्री राज किशोर सिंह, डॉ. अर्जुन पांडेय, डॉ. केशरी शुक्ला, अनिरुद्ध मिश्र, डॉ. आशा गुप्ता, नवीन शुक्ल 'नवीन', अर्चना 'ओजस्वी', अभिजीत त्रिपाठी, शिवभानु 'कृष्णा', सुल्तानपुर से श्री अभिमन्यु शुक्ल 'तरंग', पुष्कर 'सुल्तानपुरी', कर्मराज शर्मा 'तुकांत', (हरिनाथ शुक्ल), इंदु सुल्तानपुरी, कुलदीप पांडेय प्रयागराज से श्री अशोक 'बेशरम', शैलेन्द्र 'मधुर', राधेश्याम 'भारती' संतोष 'समर्थ', प्रीता वाजपेयी, वंदना शुक्ला, जीतेन्द्र 'जलज', डॉ. आभा 'मधुर', नज़र 'इलाहाबादी', धनंजय 'शाश्वत', बिहारी लाल 'अम्बर', लालजी 'देहाती', अमित 'आभास', महक 'जौनपुरी', मिर्जापुर से वंदना 'अनम', सोनभद्र कमलेश 'राजहंस'। इसके साथ हमारे गृह जनपद प्रतापगढ़ से डॉ. संगमलाल 'भँवर', अनीस 'देहाती', डॉ. श्यामशंकर शुक्ल 'श्याम', डॉ. अनुज 'नागेन्द्र', डॉ. अंजना सिंह 'सेंगर', दयाशंकर शुक्ल 'हेम', डॉ. दयाराम मौर्य 'रत्न',राजमूर्ति सिंह 'सौरभ', सुनील 'प्रभाकर', दीपक 'रूहानी', अनिल त्रिपाठी 'प्रवात', प्रमोद 'प्रियदर्शी',

सुरेश 'संभव', राजनारायण शुक्ल 'राजन', अनूप 'प्रतापगढ़ी', डॉ. शाहिदा, परवाना 'प्रतापगढ़ी', अनूप 'अनुपम', जयराम पाण्डेय 'राही', राजेश 'प्रतापगढ़ी', गजेन्द्र सिंह 'विकट', अनूप त्रिपाठी, संजय शुक्ल, सौरभ ओझा, लवलेश 'यदुवंशी', आशुतोष गिरि, चंद्रकांत पाण्डेय, रवींद्र 'अजनबी', प्रीती पाण्डेय, अखिलेश पाण्डेय 'अखिल', छत्तीसगढ़ से श्री ईश्वरीप्रसाद यादव, महेश शर्मा, मल्लिका रुद्रा, दिल्ली से श्री जगदीश मित्तल (अध्यक्ष राष्ट्रीय कवि संगम), प्रवीण शुक्ल, मनोज मिश्र 'कप्तान', राजेश 'चेतन', अना 'देहलवी', मध्य प्रदेश से श्री सुदीप 'भोला', अमन 'अक्षर', शिव शैलेन्द्र यादव, इस्माइल 'नज़र', शंभु 'मनहर', अभिषेक 'अरजरिया' पश्चिम बंगाल से पवनबाकें बिहारी आदि का विशेष स्नेह मिला।

मैं अपने विद्यालय के सहायक अध्यापक श्री प्रमोद पाण्डेय का विशेष कृतज्ञ हूँ जिन्होंने मुझे विद्यालयीय कार्यों में सहयोग के साथ-साथ मेरी कविता के प्रथम श्रोता बनकर कृति को पूर्ण कराने में अतुलनीय सहयोग किया। मैं साधुवाद देता हूँ शिक्षक श्री राजेन्द्र त्रिपाठी एवं श्री राजेश मिश्र जी को, जो 'आरोग्य-दोहावली' रचना के लिए मुझे अनवरत उत्साहित करते रहे एवं शुभाशंसा से सिंचित करते रहे। मैं विशेष आभारी हूँ अपने समाजसेवी, राजनीतिज्ञ मित्र रामलखन चतुर्वेदी (आर. यल भइया) जी का, जो सदैव से सकारात्मक ऊर्जा के साथ संवाद करके मुझे कृति पूर्ण करने के लिए उत्साहित करते रहे।

मैं लालगंज की पावन माटी की ख़ुशबू को देश-विदेश में बिखेर रहे विभिन्न क्षेत्रों के मूर्धन्य विद्वानों एवं स्वनामधन्य जनों नायकगणों के सहयोग से अभिभूत हूँ, जिसमें राजनीतिक क्षेत्र से श्री प्रमोद तिवारी सांसद (राज्य सभा सदस्य) श्रीमती आराधना मिश्रा 'मोना' (विधायक), श्री उमेश द्विवेदी (शिक्षक विधायक) शिक्षा के क्षेत्र से, डॉ. दुर्गाप्रसाद ओझा, डॉ. शक्तिधरनाथ पांडेय, श्री रामअवधेश मिश्रा संगीत के क्षेत्र से, श्री रविकांत मिश्र 'रवि' आदि प्रमुख हैं।

मैं अपने पूज्य पिता आचार्य श्री केशरीनंदन शुक्ल, वरिष्ठ साहित्यकार (सेवानिवृत्त प्रधानाचार्य) जो वरेण्य रचनाकार है, उनकी छत्र-छाया में साहित्य की बारीकियाँ सीखता रहा। माताजी श्रीमती शकुंतला शुक्ला के साथ पिताजी ने आकाश भर स्नेहाशीष प्रदान करके मेरी कृति को अमरत्व प्रदान किये। इसके साथ

श्री प्रेमनारायण तिवारी (सेवानिवृत्त प्रधानाध्यापक) एवं श्रीमती कृष्णाकांत तिवारी ने मुझ पर अनुराग एवं आशीर्वाद की सरिता को प्रवाहित करके मुझे अनवरत उत्साहित करते रहे, जिससे रचना पूर्ण होने का मार्ग प्रशस्त हो सका। मेरा मानना है कि, समय सबसे अधिक बलवान्, होता है समय के चक्रव्यूह में व्यक्ति फँस जाय तो उसके हिस्से में सिर्फ संघर्ष ही आता है। मेरे जीवन में भी कुछ समय के लिए एक ऐसा ही संक्रमण काल आया था, जो घनघोर अँधेरा एवं झंझावतों का प्रलय लेकर आया। इस काल में मैं सुबह जिस ज़मीन पर खड़ा होता था, शाम तक वह ज़मीन मेरे पाँव के नीचे से खिसक जाती थी। जब मेरा साया भी मेरा साथ छोड़ रहा था, तब उस स्थिति में मेरी धर्म पत्नी सीमा शुक्ला मेरे साथ सरिता के प्रवाह के थपेड़ों और तेज हवाओं के झोंकों के बीच चट्टान की भाँति खड़ी मेरा साथ देती रहीं। वे अनेकानेक कष्टों को निरंतर सहते हुए मेरे साहस व धैर्य को निरंतर सम्बल प्रदान करती रहीं और मेरे कविता को सिंचित-पुष्पित-पल्लवित करती रहीं उन्हीं के सहयोग का प्रतिफल है, जो इस कोरोना काल की विभीषिका में 'आरोग्य-दोहावली' को तैयार कर सका। मैं उनको धन्यवाद देकर उनके सहयोग के महत्त्व को कम नहीं करना चाहता। प्रिय अनुज अमित शुक्ल (शिक्षक), अनुज वधू कामिनी शुक्ला (शिक्षिका) समय-समय पर यथोचित सहयोग करते रहे। पुत्री जयति शुक्ला (स्नातक, विज्ञान- वर्ग) ने विज्ञान की प्रचुर जानकारी प्राप्त करने में सहयोग किया। पुत्र मिलिंद शुक्ल ने आधुनिक तकनीकी सहयोग करके लेखन-कार्य को अत्यंत सरल बना दिए। हृदयगम्य श्रीश अपनी तोतली भाषा संग बालपन मुस्कराहट से नई ऊर्जा भरते रहे, आप पाँचों को अनंत शुभाशीष। मैं अनंत आभारी हूँ प्रिय काव्य सारथी आशुतोष 'आशु' का, जिन्होंने काव्य-रचना से लेकर प्रकाशन तक अपने अमूल्य सहयोग से पुस्तक को भव्य स्वरूप प्रदान करने की कल्पना प्रस्तुत की।

पुस्तक में पुरोवाक् के माध्यम से आशीर्वाद प्रदान करने के लिए श्री कमलेश मौर्य 'मृदु' जी का बहुत-बहुत आभार।

घट-भर आशीष देने के लिए आदरणीय श्री लोकेश शुक्ल जी (निदेशक आकाशवाणी इलाहाबाद) का उरतल से आभार। मैं प्रातः पूज्य कुलगुरु महराजश्री भागवत-भूषण श्री अरुणेशकुमार त्रिपाठी जी को नतमस्तक होकर प्रणाम करता हूँ

जिनके दिव्य 'अमोघ' आशीर्वाद से मेरे जीवन का हर क्षण प्रकाशित हो रहा है।

आरोग्य-दोहावली' (दोहा-संग्रह) प्रकाशित करने के लिए अंजुमन प्रकाशन के निदेशक भाई वीनस केसरी जी को हृदय से साधुवाद।

अंत में अपनी जन्म-स्थली नौवानार को प्रणाम करता हूँ, जहाँ की पावन माटी को अपने माथे का चंदन बनाते हुए, अपनी कर्मस्थली लालगंज में रह करके इस पुस्तक की रचना की। वहाँ की धूलि को भी प्रणाम करता हूँ।

'आरोग्य-दोहावली' कृति, आप सभी को इस आशय से सौंपते हुए गौरवान्वित हूँ कि, आप सब इस 'दोहा-संग्रह' के अध्ययन से अपना जीवन रोगरहित बनाकर, आरोग्य जीवन जीने का मार्ग प्रशस्त करेंगे।

धन्यवाद सहित आपका
अञ्जनीकुमार शुक्ल 'अमोघ'
'गर्ग-निलयम्'
खण्ड-क्रमांक—9 (दीवानी खंड)
दीवानी मार्ग, नगर पंचायत-लालगंज, प्रतापगढ़ (उ.प्र.)
पिन न. 230132
सचलभाष अंक-9792869800, 7376147500

अनुक्रम

प्रथम-खण्ड

आसन, प्राणायाम एवम् औषधीय पेड़-पौधे

पीठ के बल किये जाने वाले आसन

खड़े होकर एवम् अन्य स्थिति के आसन

मुद्रा

प्राणायाम

प्राणायाम प्रक्रिया

औषधीय पेड़-पौधे

द्वितीय खण्ड

अनाज एवं दूध

दूध

फल

मसाला

माँ वीणापाणि के चरणों में

हाथ जोड़ विनती करूँ, दें चरणों मे स्थान।
माँ मुझको अब दीजिए, वाणी का वरदान॥1॥

शब्द-सुमन अर्पित करूँ, आप करो स्वीकार।
मैं अज्ञानी-मूढ़ हूँ, भरो ज्ञान-भंडार॥2॥

मुझ अबोध को ज्ञान का,कर दो यदि कुछ दान।
कलम सदा चलती रहे, रच दूँ नवल-विधान॥3॥

काव्य-कला के ज्ञान का, मुझको दो उपहार।
अपने दोहों में लिखूं, रोगों का उपचार॥4॥

मार्ग सुगम अब कीजिए, धरकर सम्यक रूप।
काव्य-सृजन करता रहूँ, लेकर भाव अनूप॥5॥

प्रथम-खण्ड

आसन, प्राणायाम एवम् औषधीय पेड़-पौधे

पीठ के बल किये जाने वाले आसन

उत्तानपादासन

हृदय-रोग में लाभकर, पेट-दर्द आराम।
नाभि सरकना बंद हो, नित्य करें व्यायाम ॥1॥

गर्दन, कंधे ठोस हों, पग में हो फैलाव।
'अवटु-ग्रंथि', मधुमेह से, होता अधिक बचाव ॥2॥

घटती-चर्बी कमर की, क़ब्ज़-रोग हो दूर।
पाचक-पावक तेज हो, आँत-व्याधि काफ़ूर ॥3॥

कन्धरासन

कन्धर-आसन लाभकर, धातु-व्याधि हो दूर।
श्वेत-प्रदर में कारगर, रक्त-प्रदर काफ़ूर ॥1॥

गर्भाशय को फ़ायदा, नष्ट बाँझपन-रोग।
पेट-दर्द आराम दे, आसन करें प्रयोग ॥2॥

कमर-दर्द अति लाभ दे, नियमित मासिक-धर्म।
कवि 'अमोघ' दोहा लिखें, योगी समझें मर्म ॥3॥

चौड़ी छाती ख़ूब हो, कूल्हा, पेडू ठोस।
श्वास-व्याधि में लाभकर, करे ख़ूब जयघोष ॥4॥

कर्णपीडासन

कर्णपीड़-आसन करें, संभव कान-इलाज।
पचहत्तर की उम्र में, सुना करें आवाज़ ॥1॥

मेरुदण्ड मज़बूत हो, पाचन होता तेज।
स्नायु-तंत्र अच्छा बने, ऊर्जा से लबरेज़ ॥2॥

नाड़ी जागृत अधिक हो, आलस कर दे ढेर।
नियमित आसन कीजिए, बनिए आप दिलेर ॥3॥

चक्रासन

पाचन-ताकत अमित हो, कई अंग नीरोग।
आँखों की आभा बढ़े, प्रतिदिन करिए योग ॥1॥

ठोस माँसपेशी बने, हो अस्थमा-निदान।
उदर-वसा को कम करे, पूरे हों अरमान ॥2॥

चक्रासन है लाभकर, शरीर बने सुडौल।
सुबह-सुबह उठ कर करें, सुंदर हो माहौल ॥3॥

नौकासन

रीढ़, माँसपेशी सहित, कूल्हे हो अति ठोस।
जंघा-कंधा परुष हो, बाँह करे उद्घोष ॥1॥

'अवटु-ग्रंथि', गुर्दा सहित, करता दूर तनाव।
नौकासन नियमित करें, योगाचार्य-सुझाव ॥2॥

पाचन ज़्यादा ठीक हो, शुद्ध रहे तन वायु।
आँत-यकृत अच्छा करे, लम्बी होती आयु ॥3॥

रक्तचाप जब अधिक हो, नौकासन परहेज़।
गर्भवती-महिला सदा, इससे करे गुरेज़ ॥4॥

फुस्फुस अतुलित हो सबल, पाचक-पावक तेज।
आमाशय में लाभकर, ये फूलों की सेज ॥5॥

पद्मासन

केंद्रित रहता मन सदा, होता प्राणोत्थान।
वात-व्याधि में लाभकर, रखिए इसका ध्यान ॥1॥

लोचदार घुटना बने, रहे अनिद्रा दूर।
पाचकाग्नि अच्छी करे, कमर-दर्द काफ़ूर ॥2॥

बच्चे-बूढ़े मुनि करें, लोचदार हो पैर।
मूल-व्याधि में लाभकर, नियमित करिए सैर ॥3॥

पवनमुक्त-आसन

यथा नाम गुण भी तथा, करे वायु को मुक्त।
उदर-वायु-विकार रहित, होता जीवन युक्त ॥1॥

अम्ल, पित्त, गठिया सहित, अल्पार्तव में लाभ।
कष्टार्तव अतिकम करे, तन बनता हेमाभ ॥2॥

कटि-पीड़ा में लाभ दे, सियाटिका आराम।
मोटापा को कम करे, मिले ठीक परिणाम ॥3॥

पादवृत्त-आसन

चर्बी-जंघे की घटे, नितम्ब बने सुडौल।
कमर-मेद को कम करे, अरि को मारे धौल ॥1॥

बढ़ता तन का संतुलन, करिए दोनों पैर।
पादवृत्त-आसन करें, जाये सरिता तैर ॥2॥

क्षमता भर आसन करें, नहीं अत्यधिक योग।
धीरे-धीरे आसन बढ़े, अंग बने नीरोग ॥3॥

पादागुष्ठानुसासन (स्पर्शासन)

पेट-दर्द आराम दे, करता कम आलस्य।
सही जगह पर नाभि हो, आसन स्पर्श रहस्य॥1॥

आमाशय को लाभ दे, बंद करे अतिसार।
अग्न्याशय बेहतर हो, आये अंग सुधार॥2॥

सबल बनाये आँत को, दुर्बलता हो दूर।
धीरे-धीरे आसन करें, आनन आये नूर॥3॥

बद्धपद्मासन

छाती अति विकसित करे, कंधे हो मज़बूत।
गर्दन, घुटना ठीक हो, पाचन-शक्ति अकूत॥1॥

बल-विवेक उत्थान हो, शरीर बने सुडौल।
फुस्फुस भी मज़बूत हो, अंगों को ले तौल॥2॥

गर्भाशय ज़्यादा शफ़ा, पीठ-दर्द आराम।
नाड़ी-पेशी ठोस हो, श्वेत-प्रदर विश्राम॥3॥

मत्स्यासन

उत्तम आसन उदर का, भागें क़ब्ज़-विकार।
क्रियाशील आँतें रहें, करे दमा-उपचार॥1॥

चर्बी-हटती पेट की, नियमित मासिक-धर्म।
रक्ताभिसरण गति बढ़े, ये मत्स्यासन मर्म॥2॥

कंधों को अति लाभ दे, दमा, श्वास आराम।
नाभि-रोग में कारगर, सर्वाइकल सुकाम॥3॥

मर्कटासन

मर्कट-आसन नित्य हो, हल्का करता पेट।
हाथों को खोले अधिक, दायें-बायें लेट॥1॥

जोड़-दर्द, नितम्ब सहित, कमर-दर्द में लाभ।
दस्त-क़ब्ज़ भी ठीक हो, अंग बने हेमाभ॥2॥

अति हितकारी रीढ़ में, है विशेष व्यायाम।
सियाटिका-सर्वाइकल, से मिलता आराम॥3॥

शवासन

रक्तचाप हो संतुलित, भागे दूर तनाव।
शव-आसन से लाभ हो, पड़ता स्नायु प्रभाव ॥1॥

तन-मन अति स्थिर करे, करता दूर थकान।
नियमित थोड़ी देर हो, फिर करिए अवधान ॥2॥

मेमोरी-अतुलित बढ़े, विनष्ट मनोविकार।
हृदय-व्याधि में लाभकर, करे कई उपचार ॥3॥

सर्वांगासन

शीश-दर्द को कम करे, रक्त-पित्त हो ढेर।
यौवन-बढ़ता ख़ूब है, करिए थोड़ी देर ॥1॥

नेत्र-ज्योति में लाभकर, टॉन्सिल होता ठीक।
शोणित-शोधन भी करे, आसन रहे सटीक ॥2॥

'अवटु-ग्रंथि' बेहतर हो, रहे मध्यपट ठीक।
मोटापे को कम करे, अंग बने निर्भीक ॥3॥

सुप्तवज्रासन

बड़ी आँत को फ़ायदा, कोष्ठबद्धता दूर।
नाभि सरकना बंद हो, ये आसन मशहूर ॥1॥

पीठ-दर्द आराम दे, घुटने हो मज़बूत।
ठोस माँसपेशी बने, ताकत मिले प्रभूत ॥2॥

श्वेत-प्रदर में लाभकर, श्रेष्ठ रक्त-संचार।
कवि 'अमोघ' दोहा लिखें, लाभ अनेक प्रकार ॥3॥

सेतुबन्ध-आसन

छाती, गर्दन का करे, अच्छे ढंग खिंचाव।
'अवटु-ग्रंथि' बेहतर हो, भागे दूर तनाव ॥1॥

खुलता फुस्फुस अधिक है, अच्छा रक्त-प्रवाह।
सेतुबन्ध प्रतिदिन करें, तन आये उत्साह ॥2॥

दमा-व्याधि में कारगर, पीठ-रोग हो ठीक।
नियमित आसन कीजिए, जीवन हो निर्भीक ॥3॥

हलासन

अंग-अंग में लोच हो, आसन करें प्रभात।
गर्दन-हड्डी ठोस हो, शीश-दर्द दे मात॥1॥

मेरुदण्ड अखण्ड बने, बनता अंग प्रचण्ड।
एक हाथ अरि को पड़े, जाता टूट घमण्ड॥2॥

उदर-व्याधि निदान करे, बौनापन हो दूर।
'अवटु-ग्रंथि' हितकर रहे, मुख पर आये नूर॥3॥

अग्न्याशय बेहतर हो, तन भागे मधुमेह।
हल-आसन को कीजिए, रोग न आये देह॥4॥

कमर-दर्द में लाभकर, कंधों को आराम।
यौन-शक्ति अति तेज हो, मिले सुखद परिणाम॥5॥

मूल-व्याधि में कारगर, अच्छा रक्त-प्रवाह।
हल-आसन नियमित करें, दिवस रहे उत्साह॥6॥

पेट के बल लेट कर, किये जाने वाले आसन

धनुरासन

लीवर का मसाज करे, गुर्दे होते पुष्ट।
धनुरासन के लाभ से, सब होंगे सन्तुष्ट॥1॥

श्वसन-क्रिया अति ठीक हो, रहे अस्थमा दूर।
कमर-दर्द में फ़ायदा, आता आनन नूर॥2॥

हृदय-व्याधि में हानिकर, ये आसन परहेज़।
जिनको अल्सर-हार्निया, वो भी करें गुरेज॥3॥

भुजंगासन (सर्पासन)

सर्पासन से लाभ है, कमर बने सुडौल।
चौड़ा सीना खूब हो, बने ठीक माहौल॥1॥

मोटापा को कम करे, करिए आसन सर्प।
मेरुदण्ड अति ठोस हो, रिपु का टूटे दर्प॥2॥

भुजंग-आसन कीजिए, भागे अंग थकान।
आभामय काया रहे, बने कार्य आसान॥3॥

कई रोग में लाभकर, मिले सुखद परिणाम।
लघु हो स्पॉन्डोलाइटिस, करें नित्य व्यायाम॥4॥

मकरासन

सबसे अच्छा रीढ़ का, होता योगाभ्यास।
कमर-दर्द में फ़ायदा, छाये तन उल्लास॥1॥

राहत स्पॉन्डोलाइटिस, फुस्फुस में आराम।
अच्छा करता अस्थमा, मिले कई परिणाम॥2॥

घुटनों को आराम दे, ठीक रक्त-संचार।
कन्धा-जकड़न नष्ट हो, आये त्वचा-निखार॥3॥

मयूरासन

तिल्ली, गुर्दा, यकृत में, मयूर-आसन लाभ।
अग्न्याशय बेहतर हो, तन बनता श्वेताभ॥1॥

आमाशय में फ़ायदा, आनन आये क्रांति।
हृदय-व्याधि में कारगर, तन में रहती शांति॥2॥

पाचक-पावक तेज हो, संयत हो मधुमेह।
अच्छा रहता फेफड़ा, चुस्ती-फुर्ती देह॥3॥

मार्जरासन

कटि पीड़ा को कम करे, फुस्फुस हो बलवान् ।
लोचदार हड्डी बने, योग रहे अवधान ॥1॥

गर्भाशय रक्षित रहे, नियमित मासिक-धर्म ।
हाथ-पैर में लाभकर, तन होता है नर्म ॥2॥

पीठ-दर्द में फ़ायदा, चर्बी-घटती ख़ूब ।
कवि 'अमोघ' लक्षण लिखे, खुश करिए महबूब ॥3॥

विपरीत नौकासन (नाभि-आसन)

प्रजनन-क्षमता अधिक हो, मेरुदण्ड मज़बूत ।
नेत्र-ज्योति अतुलित करे, ऊर्जा भरे अकूत ॥1॥

चर्बी-घटती कमर की, ताकत नाभि प्रदान ।
गुण वर्णन 'अमोघ' करें, आसन बने विधान ॥2॥

भागे आलस्य तन की, है महिला परहेज़ ।
योग गुरू से राय लें, फिर मत करें गुरेज़ ॥3॥

शलभासन

माँसपेशियों में अधिक, पैदा करे खिंचाव।
शलभासन से फ़ायदा, करता दूर तनाव ॥1॥

नियमित शलभासन करे, सियाटिका आराम।
गुण अनेक 'अमोघ' लिखें, आप करें व्यायाम ॥2॥

लोचदार अति पीठ हो, पाचन होता ठीक।
गर्दन, कन्धा लाभकर, आसन बहुत सटीक ॥3॥

बैठकर किये जाने वाले आसन

अर्ध मत्स्येन्द्रासन

पृष्ठ देश हड्डी सबल, सुंदर रक्त-प्रवाह।
मत्स्येन्द्रासन फ़ायदा, ताकत भरें अथाह ॥1॥

छाती खुलती अधिक है, ऑक्सीजन दे ढेर।
आँते बनती अति सबल, आनन बने कनेर ॥2॥

गुलगुल हड्डी रीढ़ की, कूल्हा होता ठोस।
लगातार आसन करें, वपु में भरता जोश ॥3॥

उत्कटासन

टखना, जंघा स्थूल हो, छाती रहे खिंचाव।
ब्रह्मचर्य में लाभ दे, योगाचार्य-सुझाव ॥1॥

उत्कट-आसन नित्य हो, बवासीर हो साफ़।
उदर-अंग को शक्ति दे, पैर-दर्द हो हाफ़ ॥2॥

कंधा-पसली ठीक हो, मेमोरी हो ख़ास।
कवि 'अमोघ' दोहे लिखे, आप करें अभ्यास ॥3॥

उदराकर्षणासन (शंख-आसन)

अंग शुद्ध निर्मल बने, जैसे हल्का फूल।
आभा बढ़ती अत्यधिक, वपु बनता अनुकूल ॥1॥

अम्लपित्त को कम करे, संयत हो मधुमेह।
हृदय-रोग में लाभकर, चुस्ती-फुर्ती देह ॥2॥

शीश-दर्द में लाभ दे, होता नेत्र निदान।
जीभ, गला, गुर्दा सहित, बने अंग आसान ॥3॥

अग्न्याशय को फ़ायदा, होता अमित मसाज।
बवासीर, तिल्ली सहित, करता क़ब्ज़-इलाज ॥4॥

संधिवात में कारगर, हटते काले दाग़।
आमवात को फ़ायदा, रहता स्वस्थ दिमाग़ ॥5॥

महिलाओं को लाभ दे, नियमित मासिक-धर्म।
कवि 'अमोघ' वर्णन करें, समझें इसके मर्म ॥6॥

कुक्कुटासन (उत्तान कुक्कुटासन)

कन्धा, छाती, कोहनी, करता कठोर बाँह।
कुक्कुट-आसन लाभ दे, सरल योग की राह॥1॥

अच्छा मूलाधार हो, भागे अंग थकान।
चर्बी-घटती पेट की, नितम्ब हो आधान॥2॥

फुस्फुस में ऊर्जा भरे, तन रहता है ठीक।
दोहो में 'अमोघ' लिखे, लक्षण है बारीक़॥3॥

गर्भासन

महिलाओं को फ़ायदा, नित्य करें अभ्यास।
गर्भाशय ज़्यादा शफ़ा, जागे नवीन आस॥1॥

पाचकाग्नि अति तेज हो, उदर-रोग में काम।
मेरुदण्ड नमनीय हो, नाना व्याधि विराम।2॥

भूख-प्यास ज़्यादा करे, अच्छा रक्त-विकार।
गर्भ-आसन लाभकर, हो क्षमता अनुसार॥3॥

गोमुख-आसन (गोमुखासन)

सन्धिवात अतिकम करे, होता वक्ष-विकास।
अण्डकोष की वृद्धि हो, जगते नाना आस॥1॥

धातु-रोग बहुमूत्र में, गोमुख-आसन लाभ।
महिलाएँ दैनिक करें, बदन बने श्वेताभ॥2॥

गुर्दा-गठिया ठीक हो, चौड़ी छाती ख़ूब।
ताकत देता यकृत को, पूरे हो मंसूब॥3॥

गोरक्षासन

बवासीर में लाभकर, धातु-स्राव हो बंद।
जड़ता होती नष्ट है, जीवन हो आनन्द॥1॥

किडनी-विकार दूर हो, नितम्ब अकड़न ठीक।
गोरक्षासन लाभ दे, जीवन हो निर्भीक॥2॥

स्नायु-शक्ति अपार बढ़े, घुटने बने कठोर।
लिखते 'अमोघ' छंद हैं, बनिए आप किशोर॥3॥

तोलांगुलासन

भुजा अधिक कठोर बने, दृढ़ होता विश्वास।
बल मिलता है हृदय को, बनता आनन ख़ास ॥1॥

अनुशीलन हो पैर का, होता बहुत खिंचाव।
तोलांगुल-आसन करें, योगाचार्य-सुझाव ॥2॥

सीना चौड़ा अधिक हो, कर में शक्ति अथाह।
दोहा कवि 'अमोघ' लिखे, चलिए योगा राह ॥3॥

पर्वतासन

कंधा, ग्रीवा ठोस हो, पैर बने मज़बूत।
पर्वत-आसन लाभकर, हो जाये अभिभूत ॥1॥

अधिक बढ़े एकाग्रता, मन का हटे विकार।
लम्बाई में फ़ायदा, ये आसन उपहार ॥2॥

चर्बी-हटती कमर की, आसन रहे अचूक।
पर्वत-आसन कारगर, बनता अंग मधूक ॥3॥

बकासन

हाथ अधिक मज़बूत हो, मिलता अधिक आरोग्य।
बक-आसन दैनिक करें, करिए जीवन भोग्य ॥1॥

बक-आसन से लाभ है, मुखड़े पर हो क्रांति।
कवि 'अमोघ' दोहा लिखें, तन में आये शांति ॥2॥

ऊपरी हिस्सा अंग का, संग कलाई हाथ।
जंघा अतुलित ठोस हो, नाना रोग प्रमाथ ॥3॥

ब्रह्मचर्यासन

प्रतिदिन नवीन शक्ति दे, ऊर्जा भरे अथाह।
साधारण जीवन कटे, करिए नहीं विवाह ॥1॥

राजा कहिए योग का, नित बनते आयाम।
ब्रह्मचर्य पालन करें, अच्छा हो परिणाम ॥2॥

धातु-व्याधि विनष्ट करे, भागे रोग-प्रमेह।
हितकर है मधुमेह में, आसन रखिए नेह ॥3॥

स्वप्न दोष विनष्ट करे, मिले अत्यधिक लाभ।
बलवर्धक आसन रहे, तन बनता हेमाभ ॥4॥

मण्डूकासन

पैंक्रियाज एक्टिव करे, बने इन्सुलिन ख़ूब ।
शुगर-रोग को कम करे, पूरे हो मंसूब ॥1॥

अतुलित कठोर हृदय हो, उदर-रोग उपचार ।
पाचकाग्नि अति तेज हो, करे शुगर उद्धार ॥2॥

गैस-व्याधि विनष्ट हो, आसन करे मंडूक ।
दो प्रकार आसन करे, शरीर बने मधूक ॥3॥

वज्रासन

सर्वश्रेष्ठ आसन कहे, कई रोग हो ढेर ।
भोजन के पश्चात हो, शरीर बने दिलेर ॥1॥

अम्लपित्त में लाभकर, उदर-रोग आराम ।
दैनिक योगाभ्यास से, मिलते हैं परिणाम ॥2॥

सियाटिका में कारगर, नियमित मासिक-धर्म ।
बहुत लाभकर योग है, जानें इसके मर्म ॥3॥

घुटना, गठिया दर्द में, फ़ौरन लगे विराम ।
प्रजनन-सशक्त भी बने, मिले ठीक परिणाम ॥4॥

शशकासन

आँत-यकृत अतुलित शफ़ा, हृदय-व्याधि में लाभ।
गुर्दे को ताकत मिले, वपु बनता हेमाभ ॥1॥

चर्बी-घटती पेट की, करता दूर तनाव।
लगातार अभ्यास हो, योगाचार्य-सुझाव ॥2॥

अग्न्याशय में लाभकर भागे तन से क्रोध।
वर्णन 'अमोघ' कर रहे, आप कीजिए शोध ॥3॥

सिद्धासन

हृदय-व्याधि में फ़ायदा, अच्छा हो अतिसार।
प्लीहा को अच्छा करे, विनष्ट वात-विकार ॥1॥

काम वेग अति शान्त हो, मन चंचलता दूर।
कुण्डलिनी प्रदीप्त करे, ये आसन मशहूर ॥2॥

शुक्र-दोष विनष्ट करे, करता न्यून-प्रमेह।
अपच, दमा में लाभ है, हटे मंदाग्नि देह ॥3॥

सिंहासन

'अवटु-ग्रंथि' में कारगर, टॉन्सिल होता ठीक।
गला-व्याधि आराम हो, तन बनता निर्भीक॥1॥

हकलाहट को कम करे, कान-दर्द आराम।
उच्चारण अति स्पष्ट हो, अच्छे हो परिणाम॥2॥

सिंहासन से लाभ है, दमा-रोग आराम।
तन में ऑक्सीजन बढ़े, कई रोग मे काम॥3॥

खड़े होकर एवम् अन्य स्थिति के आसन

कटि चक्रासन

कम करता है वजन को, करिए थोड़ा तेज।
नियम ध्यान से हो सदा, थोड़ा हो परहेज़॥1॥

चौड़ी छाती ख़ूब हो, फुस्फुस मिलता लाभ।
अतुलित पतली कमर हो, बनता वपु श्वेताभ॥2॥

टी0 वी0 निदान भी करे, पसली आये लोच।
दैनिक आसन यदि करें, बनती अच्छी सोच॥3॥

कोणासन

चर्बी-घटती कमर की, शरीर दिखे सुडौल।
लगातार अभ्यास से, सुंदर हो माहौल ॥1॥

उपयोगी आसन रहे, महिला करती ख़ूब।
पसली, हड्डी ठोस हो, पूरे हो मंसूब ॥2॥

मेरुरज्जु ज़्यादा शफ़ा, फुस्फुस बने विशेष।
कवि 'अमोघ' वर्णन करें, दोहे में सन्देश ॥3॥

गरुड़ासन

टखना-कूल्हा लघु बढ़े, जंघा बने विशेष।
हल्कापन तन में रहे, बहुधा समाप्त क्लेश ॥1॥

अंग-अंग में स्फूर्ति हो, जंघा स्नायु विकास।
गरुड़ासन अति लाभकर, पूरी हो अभिलाष ॥2॥

पैर-पीठ नमनीय हों, चंचलता हो बंद।
प्रतिदिन आसन कीजिए, पढ़कर 'अमोघ' छंद ॥3॥

ध्रुवासन

अधिक बढ़े एकाग्रता, दूर हटे आलस्य।
ध्रुव-आसन है लाभकर, समझे योग रहस्य ॥1॥

स्मरण-शक्ति उत्थान हो, बढ़ता पैर खिंचाव।
वायु तंत्र विकसित करे, अच्छा बने स्वभाव ॥2॥

धीरे-धीरे दैनिक करें, जंघा-ऐड़ी ठोस।
ध्रुव-आसन है कारगर, जाये तन-आक्रोश ॥3॥

ताड़ासन

लम्बाई ज़्यादा बढ़े, बढ़कर बनिए ताड़।
दैनिक आसन कीजिए, छोटा पड़े किवाड़ ॥1॥

दीर्घ श्वसन में फ़ायदा, फुस्फुस हो मज़बूत।
सीधी हड्डी रीढ़ की, ऊर्जा भरे अकूत ॥2॥

तिर्यक ताड़ासन करे, बच्चे बढ़ते ख़ूब।
नियमित आसन कीजिए, नहीं जाइये ऊब ॥3॥

नटराजासन

तन का अच्छा सन्तुलन, होता कई सुधार।
नटराजासन लाभकर, आप बने सुकुमार॥1॥

टखना ज्यादा ठोस हो, होती मसल्स ठीक।
करता कम है वजन को, ख़ूब करे तस्दीक॥2॥

विकसित करता स्नायु को, बनती शरीर ठोस।
तन्मयता अतुलित रहे, तन जाये आक्रोश॥3॥

पक्ष्यासन

पैरों में ताकत भरे, हल्के हो सब अंग।
गणना आसन कठिन में, देख सभी हो दंग॥1॥

ताकत देता ब्रेन को, कम मस्तिष्क विकार।
स्नायु-तंत्र विकसित रहे, करे कई उपचार॥2॥

जंघा अतुलित ठोस हो, ऊर्जा भरे शरीर।
कवि 'अमोघ' वर्णन करे, बने आप बलबीर॥3॥

पादहस्त-आसन

लम्बाई ज़्यादा बढ़े, कमर, पेट में लोच।
पादहस्त-आसन करें, बनती अच्छी सोच ॥1॥

पाचन-ताकत अधिक बढ़े, रोग ख़त्म हो नाक।
गला-व्याधि में कारगर, भागे क़ब्ज़ फटाक ॥2॥

पेट फूलना बंद हो, करें आप व्यायाम।
पादहस्त-आसन करें, अच्छे हैं परिणाम ॥3॥

वृश्चिक-आसन

वृश्चिक-आसन नित्य हो, भागे मूल-विकार।
मददगार तन का बने, हो नाना उपचार ॥1॥

दैनिक आसन सुबह हो, करता ख़त्म तनाव।
पाचकाग्नि अति तेज हो, योगाचार्य-सुझाव ॥2॥

वृश्चिक-आसन लाभकर, आनन आये क्रांति।
कवि 'अमोघ' व्याख्या करें, तन में छाये शांति ॥3॥

वृक्षासन

बलवर्धक ज़्यादा रहे, आये तन में क्रांति।
आसन है अति कारगर, भागे वपु से क्लांति॥1॥

धातु-व्याधि विनष्ट करे, बढ़ता लोचन नूर।
वृक्षासन है लाभकर, करिए आप जरूर॥2॥

कंधा, छाती, कमर को, करता अति मज़बूत।
शोणित-प्रवाह ठीक हो, ताकत भरे अकूत॥3॥

शीर्षासन

आसन का राजा कहे, मिले अत्यधिक लाभ।
कान-नाक में लाभकर, बने आँख कृष्णाभ॥1॥

पाचक-पावक तेज हो, आती अच्छी नींद।
शीर्षासन दैनिक करे, नाना रोग मुफ़ीद॥2॥

स्वप्न-दोष में लाभकर, भागे रोग-प्रमेह।
मुख-मण्डल आभा बढ़े, तेजवान् हो देह॥3॥

प्रजनन-क्षमता अमित हो, बंध्यापन हो दूर।
बाल-व्याधि में कारगर, धातु-रोग काफ़ूर॥4॥

रहता आमाशय शफ़ा, व्हेरिकोज आराम।
मेमोरी अति तेज हो, ठीक रहे परिणाम॥5॥

मुद्रा

अपान-मुद्रा

तन अति निर्मल हो सदा, करिए नित अभ्यास।
बवासीर विनष्ट करे, आप करें विश्वास॥1॥

क़ब्ज़-रोग में लाभकर, संयत हो मधुमेह।
उपयोगी है दाँत में, अच्छा गुर्दा देह॥2॥

अपानवायु-मुद्रा

दिल को अति कठोर करे, दैनिक करे प्रयोग।
रक्तचाप संतुलित हो, बनता तन नीरोग॥1॥

उदर-रोग में लाभकर, करता पूर्ण इलाज।
कवि 'अमोघ' दोहा लिखें, समझे आप सुराज़॥2॥

धारणाशक्ति-मुद्रा

अतुलित हितकर फेफड़ा, रोके ज़्यादा श्वास।
प्राणवायु अपार मिले, मुद्रा होती ख़ास॥1॥

मिलती ताकत ख़ून को, बलवर्धक है अंग।
छंदबद्ध 'अमोघ' करें, तन पर रहे उमंग॥2॥

पृथ्वी-मुद्रा

पाचकाग्नि अतुलित करे, आनन आये क्रांति।
मोटापा अति न्यून हो, तन से जाये क्लांति ॥1॥

पृथ्वी-मुद्रा लाभकर, नियमित हो अभ्यास।
ओज-तेज तन में बढ़े, विजय करे आकाश ॥2॥

प्राणवायु-मुद्रा

सुप्त-शक्ति जागृत करे, विकसित हो आरोग्य।
नेत्र-ज्योति अतुलित बढ़े, जीवन करिए भोग्य ॥1॥

प्रतिरोधक-क्षमता बढ़े, नई शक्ति-संचार।
भूख-प्यास अति कम लगे, है ऊर्जा-भण्डार ॥2॥

लिंग-मुद्रा

सर्दी-खाँसी ठीक हो, भागे दूर जुकाम।
लकवा में है कारगर, सौ प्रतिशत आराम ॥1॥

रक्तचाप हो संतुलित, कफ जाता है सूख।
गर्मी बढ़ती है अधिक, जलता अंग मयूख ॥2॥

वरुण-मुद्रा

चमकदार बनती त्वचा, चर्म-रोग हो ठीक।
आँतशोथ में लाभकर, अंग बने निर्भीक ॥1॥

सुंदर मुखड़ा हो सदा, करे नीर की पूर्ति।
गुण वर्णन 'अमोघ' करें, तन में छाये स्फूर्ति ॥2॥

वायु-मुद्रा

संधिवात, गठिया सहित, कम हो पक्षाघात।
सियाटिका विनष्ट करे, कई रोग दे मात॥1॥

गर्दन, घुटना, रीढ़ का, होता अधिक इलाज।
वायु-व्याधि अति कम करे, करता अंग मसाज॥2॥

शून्य-मुद्रा

ये मुद्रा है लाभकर, बंध्यापन हो दूर।
कान-दर्द में फ़ायदा, हृदय-रोग हो चूर॥1॥

'अवटु-ग्रंथि' में कारगर, गला-रोग हो ठीक।
हड्डी को ताकत मिले, मुद्रा शून्य-प्रतीक॥2॥

सूर्य-मुद्रा

शुगर-रोग में फ़ायदा, कम हो कोलेस्ट्रॉल।
हितकारी मुद्रा रहे, करे इसे संभाल॥1॥

ज़्यादा तन की उष्णता, पाचन करे बहाल।
नित्य सूर्य-मुद्रा करे, कटे कष्ट विकराल॥2॥

ज्ञान-मुद्रा

स्मरण-शक्ति अतुलित बढ़े, नित करिए अभ्यास।
ओज-तेज आनन रहे, मुद्रा रहती ख़ास।1॥

शीश-दर्द आराम दे, होता क्रोध विनाश।
रोग-अनिद्रा दूर हो, बच्चे रक्खें आस॥2॥

दण्ड

चक्र, सर्प, वृश्चिक, पलट, होते बारह दण्ड।
वक्ष-विकासक, पार्श्व से, करते अंग-अखण्ड ॥1॥

साधारण के संग में, राममूर्ति, हनुमान्।
शेर, मिश्र को जानिए, करते रोग निदान ॥2॥

नई शक्ति-संचार हो, हड्डी बनती ठोस।
पैरों को ताकत मिले, अरि को ले आग़ोश ॥3॥

सीना चौड़ा ख़ूब हो, जंघा बने कठोर।
वजन नियंत्रण भी करे, डंका हो हर ओर ॥4॥

नियमित बैठक-दण्ड हो, काया बने सुडौल।
लक्षण 'अमोघ' लिख रहे, आप चलायें धौल ॥5॥

षट्कर्म

नेति, धौति, त्राटक सहित, जाने कपालभाँति।
नौलि, वस्ति, षट्कर्म से, मिलती मन को शांति।

नेति

क्षीर, सूत्र, घृत, तेल, जल, होते पाँच प्रकार।
पाँच नेति समझा करें, रहे अलग व्यवहार॥1॥

लाभ

श्वसन-क्रिया अति ठीक हो, रहे अस्थमा दूर।
कमर-दर्द में फ़ायदा, आनन आता नूर॥1॥

धौति

वमन, वस्त्र, कुञ्जर-क्रिया, धौति मुख्य प्रकार।
उकड़ू-मुकड़ू बैठकर, दण्ड क्रिया अनुसार॥

वमन धौति एवम् कुंजरक्रिया धौती के लाभ

अम्लपित्त नाशक रहे, आमाशय हो साफ़।
श्वास, दमा, में कारगर, कई रोग हो हाफ़॥1॥

कफ-विकार विनष्ट करे, चक्कर आना बंद।
एक बार सप्ताह में, करके लें आनन्द॥2॥

वस्त्र धौति के लाभ

'जठर शोथ' में कारगर, करता कफ उपचार।
आमाशय अति स्वच्छ हो, भागे कई विकार ॥1॥

दण्ड धौति के लाभ

खुलकर लगती भूख है, दमा-व्याधि हो ठीक।
आमाशय में लाभकर, इलाज़ करे सटीक॥

वस्ति

दो प्रकार के वस्ति हो, रहे पवन, जल नाम।
विधि सम्मत अभ्यास हो, ठीक मिले परिणाम॥

जल वस्ति के लाभ

बड़ी आँत अति शुद्ध हो, गर्मी भागे पेट।
स्वप्न-दोष समाप्त करे, अच्छा रहता वेट॥

त्राटक के लाभ

चंचलता गायब करे, त्राटक के हैं लाभ।
नेत्र-ज्योति ज़्यादा बढ़े, तन बनता हेमाभ ॥1॥

स्वप्न-दोष से मुक्ति दे, आसन बहुत मुफ़ीद।
आप क्रिया बाहर करें, अच्छी आये नींद ॥2॥

नौलि

जाने दक्षिण, मध्यमा, वाम नौलि है तीन।
होकर आधा तन खड़े, होयें योगासीन॥

नौलि-क्रिया के लाभ

उदर-व्याधि में फ़ायदा, बंद करे अतिसार।
पाचक-पावक तेज हो, जाये कई विकार ॥1॥

कुण्डलिनी जागरण हो, नाना रोग सुलाभ।
नौलि-क्रिया हितकर रहे, अंग बने हेमाभ ॥2॥

सूर्य-नमस्कार

ओज-तेज अतुलित रहे, दूर करे मधुमेह।
दैनिक प्रणाम भानु का, सुंदर करता देह ॥1॥

आमाशय को स्फूर्ति दे, बनते अंग बलिष्ठ।
हाथ-पैर मजबूत हो, बनिए आप महिष्ठ ॥2॥

अग्न्याशय फुस्फुस सहित, उदर-व्याधि आराम।
आँतशोथ में कारगर, मिले श्रेष्ठ परिणाम ॥3॥

लोचदार कटि भाग हो, बनती भुजा अखण्ड।
जंघा-कंधा दृढ रहे, ठोस बने भुजदण्ड ॥4॥

बारह आसन सूर्य के, करे पूर्ण व्यायाम।
गुण-वर्णन 'अमोघ' लिखें, करिए नित्य प्रणाम ॥5॥

प्राणायाम

अष्टांग योग (दोहा-संक्षेप)

आसन, प्राणायाम, यम, समाधि, प्रत्याहार।
नियम, ध्यान, सह धारणा, अष्ट-योग है सार॥

यम पाँच प्रकार के

अपरिग्रह, अस्तेय हो, ब्रह्मचर्य है शान।
सत्य, अहिंसा धर्म है, पाँचों यम सम्मान॥1॥

नियम पाँच प्रकार

ईश्वर प्रणिधान सहित, शामिल है स्वाध्याय।
शौच-संग संतोष-तप, पूर्ण करें अभिप्राय॥1॥

योग के प्रकार

मंत्र, राज, लय योग, हठ, होते चार प्रकार।
जीवन में धारण करें, अच्छे बनें विचार॥

धातु के प्रकार

शुक्र, धातु, मेदो सहित, करें देह पर घात।
गिनती मज्जा, माँस की, रक्त, अस्थि है सात॥

रस के प्रकार

मधुर, लवण, कटु, अम्ल, रस, जाने तिक्त, कषाय।
कवि 'अमोघ' रस षष्ठ है, दोहे में दर्शाय॥

पंच प्राण

पंच प्राण को जानिए, समान संग उदान।
शोभित अपान, प्राण है, समीर-वर्धक व्यान॥

दिनचर्या के प्रकार

ध्यान, निद्रा को जानिये, ब्रह्मचर्य निष्काम।
तीन प्रहर आहार लें, नित्य करें व्यायाम॥

प्राणायाम प्रक्रिया

अनुलोम-विलोम-प्राणायाम

बायें-दायें नाक से, हो अनुलोम-विलोम।
धीरे-धीरे श्वास ले, ध्यान करे नित ओम्॥1॥

संधिवात, गठिया सहित, भागे, वात-विकार।
धातु-रोग में कारगर, हो नज़ला-उपचार॥2॥

आमवात में लाभकर, करता दूर जुकाम।
खाँसी-सर्दी कम करे, नाना व्याधि विराम॥3॥

कम्पावत में लाभकर, पित्त-रोग हो नाश।
मूल-व्याधि अति न्यून हो, जागे तन विश्वास ॥4॥

प्रशमन त्रिदोष का करे, ये अनुलोम-विलोम।
नाड़ी-शोधन प्रचुर हो, तन में आये जोम ॥5॥

मन से चिंता दूर हो, अच्छा कोलेस्ट्रॉल।
बच्चे-बूढ़े सब करें, जीवन हो खुशहाल ॥6॥

अतुलित ऑक्सीजन मिले, हृदय बने बलवान्।
माँसपेशियाँ दृढ़ बनें, पूरे हों अरमान ॥7॥

रक्तचाप हो संतुलित, संयत रहता ताप।
बीस मिनट प्रतिदिन करें, फिर करवायें नाप ॥8॥

अच्छा होता अस्थमा, करिए नियमित योग।
मुख-मण्डल आभा बढ़े, तन बनता नीरोग ॥9॥

उज्जायी-प्राणायाम

टॉन्सिल में है लाभकर, आती अच्छी नींद।
कुण्डलिनी जागरण हो, सोरिंग रहे मुफ़ीद ॥1॥

रक्तचाप हो संतुलित, जाये अंग जुकाम।
खाँसी, फुस्फुस अस्थमा, में देता आराम ॥2॥

आमवात में लाभकर, हृदय-व्याधि हो ढेर।
दैनिक उज्जायी करे, स्वर हो जैसे शेर ॥3॥

तुतलाहट को कम करे, वाणी होती साफ़।
क्षय, ज्वर, प्लीहा नष्ट हो, कई रोग हो हाफ़ ॥4॥

उद्गीय-प्राणायाम

तन्मयता ज़्यादा बढ़े, मिलते ब्रह्मानंद।
श्वास-श्वास में ईश हो, भागे तन छल छन्द ॥1॥

ऊर्जा मिलती देह को, शीश-दर्द में लाभ।
तृप्ति-शक्ति मन को मिले, ब्रेन बने हेमाभ ॥2॥

घोर निराशा ख़त्म हो, ख़ूब करें उद्गीथ।
कम हो असाध्य व्याधियाँ, आये नींद निशीथ ॥3॥

कपालभाँति-प्राणायाम

ओज-तेज आभा बढ़े, तन मन आये नूर।
नियमित कपालभाँति से, हृदय-रोग काफ़ूर ॥1॥

लीवर, प्लीहा ठीक हो, रहे आँत नीरोग।
आमाशय बलिष्ठ बने, अधिकाधिक हो योग ॥2॥

गुर्दे का जीवन बढ़े, लघु करता प्रोस्टेट।
दैनिक कपालभाँति से, अच्छा रहता पेट ॥3॥

अग्न्याशय अच्छा बने, संयत हो मधुमेह।
बीस मिनट प्रतिदिन करें, ऊर्जा आये देह ॥4॥

एलर्जी को कम करे, श्वास, दमा में लाभ।
सारे तनाव नष्ट हों, अंग बने हेमाभ॥5॥

अम्लपित्त भी ख़त्म हो, मोटापा हो दूर।
दिव्य-शक्ति हो संचरित, तन हो कोहेनूर॥6॥

नियमित कपालभाँति से, मुख पर आये क्रांति।
फुस्फुस को आराम दे, तन से जाये क्लांति॥7॥

रक्तचाप हो संतुलित, करिए नियमित नाप।
बीटा-थीटा गति सही, रहे नियंत्रित ताप॥8॥

बाह्य-प्राणायाम

पाचकाग्नि अति तेज हो, उदर-रोग हो दूर।
चंचलता मन की हरे, ऊर्जा दे भरपूर॥1॥

गुदा भ्रंश को रोक दे, योनि भ्रंश हो नष्ट।
स्वप्न-दोष समाप्त करे, कटते नाना कष्ट॥2॥

'वीर्य ऊर्ध्व' गति पर रहे, धातु-विकार समाप्त।
शीघ्र पतन विनष्ट करे, बलवर्धक पर्याप्त॥3॥

भस्त्रिका-प्राणायाम

सबसे पहले भस्त्रिका, ठीक श्वास अनुपात।
पाँच मिनट प्रतिदिन करें, मिले प्रचुर सौगात॥1॥

सर्दी-जुकाम कारगर, सम हो जाय त्रिदोष।
प्राणवायु अतुलित मिले, स्फूर्ति भरे मन कोष॥2॥

आरोग्य-दोहावली

शोणित-शोधन भी करे, होता प्राणोत्थान।
श्वास-रोग में लाभकर, फुस्फुस हो बलवान्॥3॥

'अवटु-ग्रंथि', टॉन्सिल सहित, विषाक्त भागे अंग।
तन्मयता मन की बढ़ी, जीवन भरे उमंग॥4॥

चर्बी घटती पेट की, नज़ला, बलग़म साफ़।
नियमित करिए भस्त्रिका, कई रोग हो हाफ़॥5॥

भ्रामरी-प्राणायाम

चंचलता मन की हटे, करता कण्ठ मुफ़ीद।
प्रतिदिन करिए भ्रामरी, आती अच्छी नींद॥1॥

शीश-दर्द उत्तेजना, हृदय-व्याधि आराम।
रक्तचाप हो संतुलित, करिए दोनों याम॥2॥

कण्ठ-मधुर अतुलित बने, नियमित हो अभ्यास।
उच्चारण हो ओम् का, जीवन बनता ख़ास॥3॥

दीप-शिखा मस्तक जले, करें भ्रमर गुंजार।
ओज-तेज आभा बढ़े, आये अंग निखार॥4॥

प्रणव-प्राणायाम

प्रणव आठवीं है क्रिया, मिले दिव्य आनन्द।
पाँच मिनट प्रतिदिन करें, भागे सब छल-छन्द॥1॥

मन ज़्यादा स्थिर करे, ऊर्जा दे भरपूर।
शीश-दर्द अति न्यून हो, आनन आये नूर॥2॥

ध्यान धरे नित ओम् का, जीवन हो खुशहाल।
विधि से संयम जप करें, कष्ट कटे विकराल॥3॥

औषधीय पेड़-पौधे

अमलतास

तना, फूल, जड़, फल सहित, औषधि बनती छाल ।
सेवन करिए क़ब्ज़ में, दिवस बने खुशहाल ॥1॥

अमलतास पत्ता करे, कुष्ठ-रोग को दूर ।
चर्म-रोग में कारगर, खुजली हो काफ़ूर ॥2॥

दाद, खाज, खुजली, जलन, फलियाँ करे निजात ।
थोड़ी फलियाँ पीसकर, लेप करे अनुपात ॥3॥

फोड़े, फुंसी ख़त्म हो, करिए जड़ उपयोग ।
नीम छाल थोड़ी रहे, सूखे पस का रोग ॥4॥

अमलतास के फूल से, आये त्वचा-निखार ।
कील-मुहाँसे नष्ट हो, हो आनन-उपचार ॥5॥

अमलतास के छाल का, नियमित सेवन अर्क ।
न्यून करे मधुमेह को, दिखे माह में फर्क़ ॥6॥

अर्जुन की छाल

हृदय-व्याधि में फ़ायदा, करता कफ-उपचार।
सर्दी-जुकाम कारगर, भागे पित्त-विकार।।1।।

कान-दर्द आराम दे, कम हो कोलेस्ट्रॉल।
रक्त-प्रदर में लाभकर, औषध रहे मिसाल।।2।।

नियमित सेवन छाल का, कम करता मधुमेह।
सूजन सूखे आँत की, सुंदर करता देह।।3।।

मूत्र-घात में फ़ायदा, रखिए भेषज गेह।
सुबह-शाम काढ़ा पियें, फुर्ती आये देह।।4।।

दोहज, पानी संग में, थोड़ा अर्जुन चूर्ण।
सुबह-शाम सेवन करें, कुष्ठ दवा सम्पूर्ण।।5।।

सेवन करिए चाय-रस, काढ़ा बनता ख़ूब।
कई रोग में लाभ दे, पूरे हो मंसूब।।6।।

नागबला, केवाँच में, डाले अर्जुन-चूर्ण।
औषध है क्षय-रोग की, लाभ करे सम्पूर्ण।।7।।

अश्वगंधा

यौन-व्याधि में लाभ हो, भागे अंग-तनाव।
नियमित सेवन दूध से, आयुर्वेद-सुझाव ॥1॥

आँखों की आभा बढ़े, दैनिक सेवन-चूर्ण।
गला-रोग में फ़ायदा, उदर दवा सम्पूर्ण ॥2॥

करता कम क्षय-रोग को, खाँसी में परिणाम।
चुस्ती-फुर्ती अधिक हो, ताकत में है नाम ॥3॥

औषध है ल्यूकेरिया, कमज़ोरी हो दूर।
ग्रहण अश्वगंधा करें, आनन आये नूर ॥4॥

जड़, फल, पत्ता संग में, भेषज बनता बीज।
कई रोग नाशक रहे, सेवन करें मरीज ॥5॥

इम्युनिटी ज़्यादा बढ़े, बढ़े सेल्स नित ख़ून।
कवि 'अमोघ' दोहा लिखें, आनन बने प्रसून ॥6॥

अशोक (हेमपुष्प)

मूल रूप से लाभकर, भागे महिला-रोग।
फूल, छाल, पत्ते करें, औषध में उपयोग॥1॥

ख़ूनी-दस्त नाशक रहे, रोके रुधिर-स्राव।
मूल-रोग में कारगर, सूखे जल्दी घाव॥2॥

बवासीर में कारगर, सेवन अशोक-छाल।
मस्से जल्दी ख़त्म हो, जीवन हो खुशहाल॥3॥

टूटी हड्डी जोड़ दें, कहता आयुर्वेद।
ख़ूनी-पेचिश बंद हो, पथरी हो उच्छेद॥4॥

हेमपुष्प के चूर्ण से, आये त्वचा-निखार।
कवि 'अमोघ' वर्णन करें, आप करें उपचार॥5॥

बवासीर में लाभकर, हो संक्रमण बचाव।
कीड़े मारे उदर के, देते वैद्य-सुझाव॥6॥

टैनिन सैपोनिन रहे, बसता है प्रोटीन।
कार्बोहाईड्रेट सह, अल्कालाइड लीन॥7॥

उच्च-रक्त में हानिकर, मत करिए उपयोग।
शोणित-प्रवाह अधिक हो, बढ़ता जाये रोग॥8॥

एलोवेरा (घृतकुमारी)

एलोवेरा अमृत सम, नियमित हो रसपान।
साठ वर्ष की आयु में, मनुष्य दिखे जवान॥1॥

हल्दी, चंदन साथ में, थोड़ी पत्ती-नीम।
एलोवेरा पीसकर, बनता देशी क्रीम॥2॥

रामबाण भेषज रहे, कम करता मधुमेह।
अंग-अंग मसाज करें, सुंदर करता देह॥3॥

आँखों की आभा बढ़े, शीश-दर्द में काम।
कान-दर्द में लाभ हो, खाँसी में आराम॥4॥

बवासीर, प्लीहा सहित, उदर-रोग में काम।
नुस्खा 'अमोघ' लिख रहे, लीवर-रोग विराम॥5॥

क्यारी गमला में लगे, लगता ज़्यादा खेत।
एलोवेरा सेवन करे, देता शुभ संकेत॥6॥

मूत्र-रोग में कारगर, खुलकर हो पेशाब।
गठिया के उपचार से, पूरे होते ख़्वाब॥7॥

चोट-मोच में लाभकर, करता अच्छा घाव।
चर्म-रोग में लेप हो, देते वैद्य-सुझाव॥8॥

चमक-दमक आनन रहे, कील-मुहाँसे दूर।
साबुन, शैंपू भी बने, बाल-जैल मशहूर॥9॥

एलोवेरा नारियल, औषध बने निकेत।
गाँठों में लेपन करें, कालापन हो श्वेत॥10॥

कचनार

पीले, सफ़ेद, लाल से, खिले फूल कचनार।
गुण तीनों में सम रहे, ग्रहण वैद्य-अनुसार ॥1॥

एण्टीडायबिटिक रहे, हो मधुमेह-इलाज़।
ठीक रक्त-संचार हो, बदले अंग मिज़ाज ॥2॥

एण्टीफंगल गुण रहे, सूखे जल्दी घाव।
चोट-मोच जब भी लगे, तुरन्त करें बचाव ॥3॥

लीवर ज़्यादा ठोस हो, करता टॉनिक काम।
कवि 'अमोघ' लक्षण लिखें, अच्छे हो परिणाम ॥4॥

अम्ल-पित्त ज़्यादा करे, 'अवटु-ग्रंथि' में काम।
उरज ग्रन्थि विनष्ट करे, लगता दमा विराम ॥5॥

कुटकी

कुटकी, मधु सेवन करे, जिगर सिरोसिस ठीक।
क़ब्ज़, अपच नाशक रहे, औषधि उदर सटीक ॥1॥

पित्त-दोष संतुलित हो, भागे अंग-बुख़ार।
शीश-दर्द आराम दे, कफ का हरे विकार ॥2॥

शुगर-रोग में कारगर, कुटकी करे प्रयोग।
कुष्ठ-रोग को कम करे, भागे अंग-बिरोग ॥3॥

गिलोय

इम्युनिटी ज़्यादा बढ़े, ऊर्जा भरी प्रभूत।
नियमित गिलोय जूस ले, पाचन हो मज़बूत॥1॥

श्वास-रोग में लाभकर, भागे मूल-विकार।
शोणित-शोधन भी करे, दवा वैद्य-अनुसार॥2॥

वात, पित्त, कफ, दोष को, करती गिलोय साफ़।
सुबह-शाम सेवन करें, कई रोग हो हाफ़॥3॥

रस गिलोय हितकर सदा, प्रतिदिन करिए पान।
आँख, कान, लीवर सहित, अंग बने बलवान्॥4॥

हिचकी-उल्टी रोक दे, रोके क़ब्ज़-विकार।
दोहे 'अमोघ' के पढ़े, आप करें उपचार॥5॥

धनिया, गिलोय, लघु हरड़, काढ़ा सेवन रोज़।
बवासीर में फ़ायदा, आयुर्वेदिक खोज॥6॥

ज्वर-नाशक गिलोय रहे, साथ नीम की छाल।
सुबह-शाम सेवन करें, जीवन हो खुशहाल॥7॥

मिलता भास्वर, कैल्शियम, संग रहे प्रोटीन।
तना मध्य माड़ी बसे, ग्रहण प्रात-कालीन॥8॥

तन से निकले जीव-विष, डेंगू फ्लू-उपचार।
कील-मुहाँसे दूर हों, आये त्वचा-निखार॥9॥

गुंदा (लसोड़ा)

श्लेष्मान्तक गुंदा रहे, टूटे पथरी-रोग।
मधुर, कसैला स्वाद हो, करिए इसे प्रयोग॥1॥

हितकारी कुंतल रहे, पाचन हो मज़बूत।
विष-नाशक गुंदा रहे, वापस हो यमदूत॥2॥

सूखी-खाँसी लाभकर, छाती पीड़ा दूर।
कीड़े मारे उदर के, लघु खायें दस्तूर॥3॥

पके हुए गुंदा करें, वात-रोग काफ़ूर।
पित्त-दोष से मुक्त हो, बलग़म करता दूर॥4॥

गूलर

कच्चा फल जड़ लाभकर, औषधि पत्ता, छाल।
गूलर लक्षण बहुत हैं, हो प्रयोग संभाल॥1॥

बवासीर में फ़ायदा, पिये तने का दुग्ध।
गूलर के गुण जानकर, सब जन होंगे मुग्ध॥2॥

कोमल पत्ता पीसकर, शहद संग हो पान।
शुगर-व्याधि में लाभ दे, समझे वैद्य-विधान॥3॥

पित्त-दोष से मुक्त हो, शीघ्र पतन हो दूर।
कच्चे गूलर फल करे, कई रोग काफ़ूर॥4॥

श्वेत-प्रदर में कारगर, खाँसी से आराम।
दमा-रोग अच्छा करे, कफ पर लगे लगाम।5॥

चंदन

सर्वोत्तम चंदन मिले, सुंदर भारत देश।
शोभा ललाट की बढ़े, सुंदर दिखता वेश॥1॥

वेट्टु, पीत चंदन रहे, हो औषध उपयोग।
कई रोग विध्वंस हों, काया हो नीरोग॥2॥

तीखा ठण्डा पीत हो, कुष्ठ-रोग हो ठीक।
वात-दोष निदान करे, औषध जलन सटीक॥3॥

हिचकी-सूजन कम करे, लगती कम है प्यास।
चर्म-रोग में फ़ायदा, आप करें विश्वास॥4॥

आँखों की आभा बढ़े, नाना रोग निदान।
चंदन गुण 'अमोघ' लिखे, बना धर्म की शान॥5॥

कर्नाटक, केरल सहित, मिलता आंध्र-प्रदेश।
तमिलनाडु खेती करे, पूजित हो अखिलेश॥6॥

चिरायता

वात, पित्त, कफ नष्ट हो, न्यून रहे मधुमेह।
गठिया नाशक है दवा, रखिए इसको गेह ॥1॥

शोधन करता रक्त का, भागे अंग बुख़ार।
प्लीहा-अल्सर ठीक हो, ग्रहण वैद्य-अनुसार ॥2॥

कृमि नाशक औषधि है, हृदय करे मज़बूत।
जीवन वर्धक गुण रहे, ऊर्जा भरी प्रभूत ॥3॥

प्रतिरोधक-क्षमता रहे, करिए ख़ूब प्रयोग।
कवि 'अमोघ' दोहा लिखे, आप करें उपभोग ॥4॥

चिरायता के गुण कई, कीड़े मारे पेट।
नियमित सेवन कीजिए, अब मत करिए लेट ॥5॥

तुलसी

तुलसी धरती की बनी, बहुत बड़ी वरदान।
धर्म-महत्ता अमित है, ऊँचा औषधि मान ॥1॥

जड़ शाखा पत्ती सहित, काम करे नित बीज।
तुलसी में गुण अधिक हैं, सबकी रहे अजीज़ ॥2॥

घर में पूजित हो सदा, बसती आँगन द्वार।
तुलसी अति महत्त्व रहे, प्रथम प्रभू आहार ॥3॥

सर्दी-खाँसी में सदा, सेवन तुलसी चाय।
श्वास-हीक विनष्ट करे, रहे वैद्य की राय ॥4॥

कील-मुहाँसे ख़त्म हो, आये त्वचा-निखार।
तुलसी के हो बीज से, कैंसर का उपचार ॥5॥

इम्युनिटी अतुलित बढ़े, करती दूर जुकाम।
अर्क पिये तुलसी सदा, कई रोग आराम ॥6॥

तुलसी-पत्ती नित्य ले, मत करिये परहेज़।
डेंगू बुख़ार कारगर, हो मेमोरी तेज ॥7॥

मलेरिया में फ़ायदा, सेवन तुलसी अर्क।
सेहत में सुधार करे, तुरन्त दिखता फ़र्क ॥8॥

वात-दोष को कम करे, नियमित मासिक-धर्म।
दाद-खाज समाप्त करे, जाने तुलसी मर्म ॥9॥

सेवन दोहज संग में, थोड़ा तुलसी-चूर्ण।
यौन-रोग से मुक्ति हो, कफ-निदान सम्पूर्ण ॥10॥

नीम

एण्टीसेप्टिक नीम है, सूखे जल्दी घाव।
चरक-संहिता में लिखित, मिलते कई सुझाव ॥1॥

दातुन करिए नीम की, पोषण देता दंत।
वैद्य-राय भी ले सदा, मिलते लाभ अनंत ॥2।

पत्ती, डंठल, जड़, फलम, औषध बनती छाल।
नुस्खे कवि 'अमोघ' लिखे, हो प्रयोग संभाल ॥3॥

दाद-खाज खुजली सहित, दूर करे नासूर।
गुर्दे की पथरी हटे, ये भेषज मशहूर ॥4॥

काढ़ा पत्ती छाल का, करता लाभ बुख़ार।
बवासीर प्रमेह सहित, करे पेट उपचार ॥5॥

इम्युनिटी अतुलित बढ़े, करता न्यून जुकाम।
रिक्त-पेट पत्ती ग्रहण, करे कई आराम ॥6॥

फोड़ा-फुंसी ख़त्म हों, पोषण देता केश।
नीम तेल प्रयोग करें, औषध रहे विशेष ॥7॥

पत्ते पीसे नीम के, थोड़ा नीर गुलाब।
कालापन भागे त्वचा, पूरा करिए ख़्वाब ॥8॥

एण्टीबैक्टीरियल   सह,   एण्टीऑक्सीडेंट।
फॉस्फोरस, पोटैशियम, रहे तंतु एंजेण्ट ॥9॥

टैनिक-एसिड कैल्शियम, मिलता है प्रोटीन।
मिलता ऑक्सीजन अधिक, वृक्ष बहुत प्राचीन ॥10॥

पलाश (टेसू)

पीले, सफ़ेद लाल हो, सुंदर दिखे पलाश।
फूल, तना, जड़ संग में, बीज दवा हो ख़ास ॥1॥

गर्भ निरोधक है दवा, करिए बीज प्रयोग।
योनि-संक्रमण रोक दे, सेहत हो नीरोग ॥2॥

जोड़ों की पीड़ा हरे, सन्धिवात में लाभ।
कुष्ठ-रोग की है दवा, तन करता हेमाभ ॥3॥

काम-शक्ति ज़्यादा करें, सेवन टेसू अर्क।
वीर्य-स्राव अति अल्प हो, वैद्य बतायें तर्क ॥4॥

प्रकृति रंग टेसू बने, होली खेले ख़ूब।
भाभी-भैया संग में, डाले ये महबूब ॥5॥

पित्त-रोग को कम करे, कम लगती है प्यास।
गुण 'अमोघ' लिख रहे, करें आप आभास ॥6॥

कफ-विकार में लाभकर, करता शोणित-साफ़।
अम्बक, खुजली कारगर, सूजन होता हाफ़ ॥7॥

पिप्पली (पिपली)

गौ-ची, आसव, पिप्पली, बनती औषधि नीक।
काम-शक्ति अतुलित करें, लक्षण है बारीक॥1॥

खाँसी, खराश में फ़ायदा, ठीक अस्थमा-रोग।
श्वास-रोग में कारगर, हो पिप्पली प्रयोग॥2॥

तीखा, कड़वा स्वाद हो, गर्म रहे तासीर।
कवि 'अमोघ' लक्षण लिखे, पियें पिप्पली क्षीर॥3॥

हृदय-व्याधि में कारगर, कम हो कोलेस्ट्रॉल।
हरड़, पिप्पली पीसकर, होती इस्तेमाल॥4॥

पीपल

पीपल द्रुम है अमृत सम, औषध गुण भरपूर।
कई व्याधि-नाशक रहे, पूर्व काल दस्तूर॥1॥

पत्ता, डंठल, छाल, जड़, है महागद समूल।
आस-पास रोंपड़ करें, मत जाए ये भूल॥2॥

क़ब्ज़-रोग में लाभकर, दोहज, पत्ती-चूर्ण।
दो गोली सेवन करे, हो निदान सम्पूर्ण॥3॥

रदन-व्याधि भी दूर हो, भागे चक्षु-विकार।
मारे कीड़े पेट के, श्वास-रोग उपचार॥4॥

चर्म-रोग में फ़ायदा, अच्छा पीपल-छाँव।
शीघ्र पतन में कारगर, पौधा रोपे गाँव ॥5॥

ऑक्सीजन सबसे अधिक, मिलता पीपल-पेड़।
औषध गुण भरपूर है, रोपें कानन-मेड़ ॥6॥

पुनर्नवा

पुनर्नवा तीखा लगे, कड़वा, खारा स्वाद।
क्वाथ पियें रोगी सभी, कम करता अवसाद ॥1॥

फूल, बीज, पत्ती सहित, भेषज है जड़-छाल।
पुनर्नवा सेवन करे, जीवन हो खुशहाल ॥2॥

हरड़, पुष्प रस डालकर, नियमित सेवन क्वाथ।
भागे तन से पीलिया, किडनी देती साथ ॥3॥

एण्टीएजिंग गुण रहे, कम करता मधुमेह।
इम्युनिटी ज़्यादा बढ़े, चुस्ती-फुर्ती देह ॥4॥

गुर्दा, लीवर लाभकर, दे प्रोस्टेट विराम।
रक्तचाप हो संतुलित, गठिया मे परिणाम ॥5॥

नाइट्रेट, पोटैशियम, मिलता है सल्फ़ेट।
क्लोराइड भरपूर है, ख़ूब मिले क्लोरेट ॥6॥

पुनर्नवा, पीपल, हरड़, रहे नीम की छाल।
मूली, गिलोय, आँवला, करिए इस्तेमाल ॥7॥

बरगद

फूल, बीज, पत्ती सहित, औषध है जड़, छाल।
भेषज बनता कारगर, करिए इस्तेमाल॥1॥

यौन-शक्ति ज़्यादा बढ़े, पोषण देता बाल।
बवासीर में कारगर, हो प्रयोग संभाल॥2॥

जोड़ो की पीड़ा हरे, फोड़े-फुंसी नष्ट।
डायरिया में कारगर, दूर बाँझपन कष्ट॥3॥

इम्युनिटी अतुलित बढ़े, कम होता मधुमेह।
कई रोग में फ़ायदा, रखिए बरगद नेह॥4॥

भास्वर, रेशा संग में, बसता है प्रोटीन।
एण्टीबैक्टीरियल है, रोपे ख़ूब जमीन॥5॥

बबूल

अधिक पसीना नष्ट हो, सेवन बबूल छाल।
थोड़ी छोटी हरड़ हो, औषधि करे कमाल॥1॥

दाद, खाज, खुजली सहित, खाँसी होती ठीक।
शहद-संग सेवन करें, भेषज रहे सटीक॥2॥

मुँह के छाले ठीक हों, कुल्ला करिए-क्वाथ।
पत्ते छालें पीसकर, लेप करे ये हाथ॥3॥

धातु-रोग में कारगर, जाये चक्षु-विकार।
श्वास-तंत्र बेहतर हो, करे रदन-उपचार ॥4॥

कमर-दर्द आराम दे, बबूल-फली प्रयोग।
थोड़ी मात्रा गोंद की, करिए फिर उपभोग ॥5॥

शुगर-रोग में लाभकर, सेवन बबूल-गोंद।
कम करता है वजन को, छाये मंगल-मोद ॥6॥

ब्राह्मी

ब्राह्मी सेवन नित्य हो, स्मरण-शक्ति हो तेज।
मूर्च्छा से निजात मिले, ऊर्जा से लबरेज ॥1॥

अच्छा हो हिस्टीरिया, मिर्गी भी हो दूर।
वायु तंत्र मज़बूत हो, खाँसी हो काफ़ूर ॥2॥

ठीक रक्त-संचार हो, कम करता मधुमेह।
कवि 'अमोघ' दोहा लिखे, ब्राह्मी रखिए गेह ॥3॥

हृदय-रोग में फ़ायदा, कहता आयुर्वेद।
वात, पित्त, कफ नष्ट हो, कई रोग उच्छेद ॥4॥

ज़्यादा सेवन मत करें, बढ़ता है अवसाद।
घबराहट मूर्च्छा बढ़े, भूख करे बर्बाद ॥5॥

बहेड़ा

वात, पित्त, कफ नष्ट हो, आमाशय आराम।
तीन दोष का कर शमन, काया करे सुधाम ॥1॥

टी०वी०, सफ़ेद-दाग में, करे बहेड़ा काम।
कीड़े मारे पेट के, दमा-रोग आराम ॥2॥

गूदा होता कारगर, खायें ये रूटीन।
बालों को पोषण मिले, औषध बेहतरीन ॥3॥

हाथ-पैर के जलन को, करे बहेड़ा ठीक।
कवि 'अमोघ' वर्णन करें, आप करें तस्दीक ॥4॥

फल की मिगीं तेल का, ख़ूब करें उपयोग।
लघु रहता प्रोटीन है, लोचन हो नीरोग ॥5॥

तीन प्रमुख बूटी गिनें, जिसमें ये है एक।
कई रोग का कर शमन, बना बहेड़ा नेक ॥6॥

बेलैरीकैनिन रहे, मिलता है फ्रक्टोज़।
गैलायल मौजूद है, माल्ा है ग्लूक़ोज़ ॥7॥

गोलिक-एसिड मिले, अतुलित रहामनोज़।
एलेजिक-एसिड सहित, रहता गैलेक्टोज़ ॥8॥

बाँस

बवासीर में कारगर, करता न्यून-प्रमेह।
मूत्र-व्याधियाँ दूर हों, रखिये इससे नेह॥1॥

प्रजनन-क्षमता अधिक हो, नस होती मज़बूत।
पीड़ा हरता रदन का, अल्सर करे निपूत॥2॥

फॉस्फोरस, मैग्नीशियम, मिलता है प्रोटीन।
शोरा, रेशा भी रहे, स्वाद मिले नमकीन॥3॥

ज़्यादा लोहा, सोडियम, दवा बहुत प्राचीन।
जस्ता, ताँबा, कैल्शियम, रहे नियासिन लीन॥4॥

खेती करिए बाँस की, छप्पर बनता गाँव।
खेत बाग़ में हैं लगे, बिकते अच्छे भाव॥5॥

महुआ

पत्ती, टहनी, बीज, फल, का लगता है काम।
ऑयल-शराब भी बने, ये ग़रीब बादाम॥1॥

बवासीर, गठिया सहित, करता न्यून-बुख़ार।
कई रोग की है दवा, ग्रहण वैद्य-अनुसार॥2॥

अल्सर में है लाभकर, दाँत करे मज़बूत।
चुस्ती-फुर्ती ख़ूब हो, ऊर्जा भरी अकूत॥3॥

सूजन को ग़ायब करे, नाना रोग इलाज।
खुजली से राहत मिले, महुआ बसता राज॥4॥

हृदय-रोग में कारगर, एण्टीऑक्सीडेंट।
कई रोग नाशक रहे, है ओलिकएजेण्ट॥5॥

पित्त-दोष भी नष्ट हो, संयत शोणित-चाप।
प्रजनन-क्षमता अधिक हो, लाये अंग-प्रताप॥6॥

लाजवंती

अल्प लाजवंती रहे, थोड़ा सेमल छाल।
दूध-संग सेवन करें, प्रजनन बढ़े कमाल॥1॥

एण्टीफंगल गुण रहे, पत्ती करें प्रयोग।
रोग-संक्रमण रोक दे, अंग करे नीरोग॥2॥

लेप नाभि-नीचे लगे, हटता मूत्र-विकार।
पानी, पत्ती पीसकर, करें आप उपचार॥3॥

शतावर (शतमूली)

हरी, बैंगनी किस्म हो, मिलती ख़ूब सफ़ेद।
हुनर शतावर बूझिये, समझे इसके भेद॥1॥

बढ़ता कुच-दोहज अधिक, प्रसव-काल उपयोग।
कमज़ोरी अतिकम करे, अंग बने नीरोग॥2॥

स्वप्नदोष हरता सदा करे, नष्ट धातु का दोष।
सर्दी-जुकाम न्यून हो, वाणी आये जोश ॥3॥

मूत्र-व्याधि, पथरी-सहित, कान-दर्द में काम।
बवासीर में लाभकर, सुजाक-रोग ख़िराम ॥4॥

फॉस्फोरस, पोटैशियम, भरा पड़ा प्रोटीन।
कार्बोहाईड्रेट सह, रहे विटामिन तीन ॥5॥

लोहा, जस्ता, कैल्शियम, तन को करता पीन।
लघु ताँबा, मैग्नीशियम, है नियासीन लीन ॥6॥

शहद

रक्तचाप संयत करे, ऊर्जा दे भरपूर।
मधु में लक्षण बहुत है, भेषज ये मशहूर ॥1॥

आसव सेवन लाभकर, भरा पड़ा फ्रक्टोज़।
स्टार्च, फाइबर, डेक्सटिन, रहता है ग्लूक़ोज़ ॥2॥

एण्टीबैक्टीरियल है, करता अल्सर ठीक।
एण्टीसेप्टिक गुण रहे, औषध ज़ख़्म सटीक ॥3॥

सदाबहार

शुगर-रोग को कम करे, सेवन पत्ते फूल।
दस दिन तक सेवन करे, औषध है ये मूल॥1॥

फोड़ा-फुंसी ठीक हों, जल्दी सूखे घाव।
बवासीर भेषज रहे, देते वैद्य-सुझाव॥2॥

रक्तचाप हो संतुलित, कैंसर-रोग निदान।
गुर्दा-पथरी कारगर, ये समझें श्रीमान्॥3॥

सेमल

फूल, छाल, पत्ते सहित, जड़ से करें इलाज।
छन्दबद्ध 'अमोघ' करें, आयुर्वेद सुराज़॥1॥

सेमल की जड़ लाभकर, बढ़ता उरोज-दुग्ध।
ठीक करे ल्यूकोरिया, नाना रोग विक्षुब्ध॥2॥

शोणित-शोधन भी करे, पत्ते करें प्रयोग।
पीरियडस नियमित रहे, सेमल का हो भोग॥3॥

शहद संग में फूल हो, तन करता बलवान्।
प्रजनन-क्षमता ख़ूब हो, पूरे हों अरमान॥4॥

छाल पीसकर लेप हो, जहाँ रहे अति घाव।
डायरिया में फ़ायदा, देते वैद्य-सुझाव॥5॥

हड़जौड़ा (हरजोर)

टूटी हड्डी जोड़ दे, है हड़जौड़ा नाम।
बहुत अधिक है कैल्शियम, सौ प्रतिशत परिणाम ॥1॥

लता, तना, पत्ती करे, सुंदर औषधि काम।
मिलता शोरा, सोडियम, नस को दे आराम ॥2॥

रक्त-स्राव को कम करे, नियमित मासिक-धर्म।
हड़जौड़ा में गुण कई, जाने इसके मर्म ॥3॥

बढ़ता शोणित अत्यधिक, नेत्र-व्याधि हो दूर।
बवासीर में कारगर, कई रोग काफूर ॥4॥

द्वितीय-खण्ड

अनाज एवं दूध

अरहर दाल (तुअर)
pigen pea (Cajanus cajan)

प्रतिरोधक-क्षमता बढ़े, हृदय-व्याधि हो दूर।
पाचन अच्छा हो सदा, मुख पर आये नूर॥1॥

रक्तचाप हो संतुलित, लाभ करे मधुमेह।
रक्त-अल्पता दूर हो, ऊर्जा देता देह॥2॥

ऊपर से छिल्का रहे, अंदर से दो फाड़।
नियमित सेवन दाल का, चढ़िये आप पहाड़॥3॥

कैलोरी हो दाल में, वसा, थायमिन लीन।
थोड़ा कोलेस्ट्राल है, भरा पड़ा प्रोटीन॥4॥

प्रचुर रूप में कैल्शियम, एण्टीऑक्सीडेंट।
फॉस्फोरस, पोटैशियम, जिंक मिले एजेण्ट॥5॥

रहे विटामिन संग में, कार्बोहाईड्रेट
रोटी, चावल, दाल से, भोजन हो भर पेट॥6॥

महाराष्ट्र, यू0पी0 सकल, कर्नाटक गुजरात।
यम0 पी0 पैदावार हो, दे किसान सौगात॥7॥

अलसी

छोटे-छोटे बीज हो, भूरा काला रंग।
थोड़ी अलसी नित्य लें, तन में रहे उमंग ॥1॥

सेवन अलसी शहद से, खाँसी-जुकाम दूर।
बवासीर की है दवा, करे क़ब्ज़ काफ़ूर ॥2॥

हृदय-व्याधि अच्छा करे, हड्डी हो मज़बूत।
रक्तचाप बेहतर हो, पोषक-तत्त्व अकूत ॥3॥

श्वास-रोग मधुमेह में, अच्छा अलसी काम।
अच्छा पाचन भी करे, कैंसर में आराम ॥4॥

फॉस्फोरस, लोहा मिले, संग थायमिन लीन।
ओमेगा-थ्री, कैल्शियम, मिलता कैरोटीन ॥5॥

उड़द दाल
(vigna mungo)

उड़द हरी, काली रहे, हो मौसम अनुसार।
साबुत छिलका सह धुली, होते दाल प्रकार ॥1॥

बलकारक, पौष्टिक उड़द, हड्डी हो मज़बूत।
कई रोग आराम दे, वर्धक मेद प्रभूत ॥2॥

रक्त, माँस, मज्जा बढ़े, हृदय-व्याधि हो दूर।
यौन-शक्ति इससे बढ़े, आनन आये नूर ॥3॥

बवासीर, ज़्यादा बढ़े, उड़द नहीं उपयोग।
लकवा-पथरी हानिकर, बढ़े दमा के रोग ॥4॥

फोलिक-एसिड अत्यधिक, मिलता शोरा-तत्त्व।
लोहा, मैग्नीशियम है, रहता वसा महत्त्व ॥5॥

कोदो (साँवा)

शून्य रहे कोदो शुगर, इसको रखिए गेह।
सुबह-शाम सेवन करें, अच्छा करता देह ॥1॥

बवासीर, घेंघा सहित, करता श्वास इलाज।
अच्छी लकवा की दवा, जाने पीन अनाज ॥2॥

भागे तन से सब जलन, हटता पित्त-विकार।
दुर्लभ अनाज में गिने, विष का हो उपचार ॥3॥

गेहूँ
(wheat)

प्रमुख नाज घर का रहे, सबकी बसती जान।
सुबह-शाम रोटी बने, गेहूँ गुण की खान ॥1॥

उत्तर प्रदेश प्रथम है, द्वितीय है पंजाब।
राजस्थान, बिहार में, पैदावार हिसाब ॥2॥

बलवर्धक गेहूँ रहे, कई तत्त्व है लीन।
कवि 'अमोघ' दोहा लिखें, कर लें आप यक़ीन ॥3॥

तन की हड्डी ठोस हो, पथ्य रहे मधुमेह।
श्वास-रोग में फ़ायदा, ऊर्जा भरता देह॥4॥

दर्द, गैस, खाँसी हटे, कम हो हृदय-विकार।
सुबह-शाम रोटी बने, भोजन का आधार॥5॥

फॉस्फोरस, फाइबर है, लौह-तत्त्व-प्रोटीन।
ताँबा, जस्ता भी मिले, आटा खायें पीन॥6॥

चना

शोणित अतुलित तन बढ़े, संयत हो मधुमेह।
करता रोगों का शमन, ताकत देता देह॥1॥

चना अंकुरित सुबह लें, है पौष्टिक आहार।
चुस्ती-फुर्ती के लिए, चना बने आधार॥2॥

भूना गीला ले चना, खायें इसे उबाल।
बेसन का लड्डू बने, बनती सुंदर दाल॥3॥

शोरा, लोहा भी रहे, थोड़ा कोलेस्ट्राल।
बीटा-कैरोटीन है, दुश्मन रहे निहाल॥4॥

छोटे-छोटे पेड़ में, फलता चना अनाज।
एक चना में गुण कई, इस कारण सरताज॥5॥

चावल

चावल हल्का अन्न है, कम हो पोषक-तत्त्व।
थोड़ा सा प्रयोग करें, अतिशय नहीं महत्त्व ॥1॥

क़ब्ज़-रोग ज़्यादा करे, शुगर रहे परहेज़।
खाँसी, पथरी, अस्थमा, रोगी करे गुरेज़ ॥2॥

पैरों की सूजन जलन, करता चावल दूर।
मुख की झुर्री नष्ट हो, आनन आये नूर ॥3॥

ज्वार
(sorghum)

छोटा दाना ज्वार का, होता भूरा-लाल।
पीला-सफ़ेद भी रहे, लक्षण रहे कमाल ॥1॥

शुगर, त्वचा-कैंसर सहित, क़ब्ज़ फ़ायदेमंद।
कैलोरी अति न्यून है, रोटी दे आनंद ॥2॥

भोजन-चारा काम दें, कम वर्षा हो ज्वार।
मोटे अनाज में गिने, कम मिलता बाज़ार ॥3॥

दाद, खाज, खुजली हटे, जलन पेट की दूर।
हड्डी में ताकत भरे, गठिया हो काफ़ूर ॥4॥

मिलता है मैग्नीशियम, फॉस्फोरस भरपूर।
शोरा, रेशा संग में, कई तत्त्व मशहूर ॥5॥

जौ

(Barley)

जौ हरदम शीतल रहे, होता मीठा स्वाद।
औषध गुण भरपूर है, दूर करे अवसाद ॥1॥

गठिया, खाँसी ख़त्म हो, भागे अंग जुकाम।
कुष्ठ-रोग की है दवा, पित्त रहे आराम ॥2॥

श्वास-रोग में फ़ायदा, जाये अंग बुख़ार।
कील-मुहाँसे दूर हों, सेहत का भण्डार ॥3॥

पेट-दर्द में लाभकर, कम लगती है प्यास।
गला-रोग सब दूर हो, तन आये विश्वास ॥4॥

रोटी, जौ, गेहूँ, चना, नाशक डायबिटीज़।
रक्तचाप नियंत्रित हो, खायें शुगर मरीज़ ॥5॥

कुष्ठ-रोग निदान करे, हल हो मूल-विकार।
नाशक प्लीहा-व्याधि का, हो घेंघा-उपचार ॥6॥

बवासीर में लाभकर, हो गलसुआ-इलाज।
अल्सर में भी कारगर, जौ में बसते राज़ ॥7॥

बाजरा

अति सुपाच्य हो बाजरा, शून्य रहे ग्लूटेन।
मोटापा हो संतुलित, बलवर्धक है मेन ॥1॥

क्रांति जनक रूखा गरम, खरीफ़ फ़सल अनाज।
शुगर-रोग का बाजरा, करता ठीक इलाज ॥2॥

रक्तचाप को कम करे, पौष्टिकता भरपूर।
अमिनो-एसिड अत्यधिक, फॉस्फोरस मशहूर ॥3॥

मोटा अनाज बाजरा, मिलता है प्रोटीन।
पूरक भोजन में गिने, जीवन हो रंगीन ॥4॥

पशु-चारा का स्रोत है, कम मेहनत हो खेत।
कम जल पैदावार हो, चाहे बोयें रेत ॥5॥

तिल (til)

रंग भेद में तीन है, काला, सफ़ेद, लाल।
काला नम्बर एक है, रखिए तिल संभाल ॥1॥

तिल द्वितीय सफ़ेद रहे, अति मध्यम है लाल।
तिल का प्रयोग बहुत हो, रखता सेहत ख़्याल ॥2॥

छोटे-छोटे तिल बसे, बड़े-बड़े से काम।
चोट-मोच मालिश करे, गठिया से आराम ॥3॥

अति छोटे चपटे रहे, तिल हो अंडाकार।
औषधि गुण अनेक बसे, दवा वैद्य-अनुसार ॥4॥

खाँसी-पथरी ठीक हो, सन्धिवात आराम।
गंजेपन में लाभकर, अलक रहे परिणाम ॥5॥

बवासीर में कारगर, भागे अंग-बुख़ार।
पायरिया भी ठीक हो, कम हो रक्त-विकार ॥6॥

शीश-दर्द में फ़ायदा, हड्डी हो मज़बूत।
मूल-दाह को कम करें, ऊर्जा भरे प्रभूत ॥7॥

फॉस्फोरस, कॉपर, वसा, रहे आयरन खान।
कई किस्म के तेल हो, तिल सर्वोत्तम स्थान ॥8॥

मिलता शोरा, कैल्शियम, ख़ूब थायमिन लीन।
लघु रेशा, पोटैशियम, अतुलित है प्रोटीन ॥9॥

काला तिल चढ़ता सदा, शनी देव महराज।
तंत्र-मंत्र उपयोग हो, बनते नाना काज ॥10॥

मक्का (corn)

लीवर-गुर्दा ठीक हो, पौष्टिकता भरपूर।
परुष रदन ज़्यादा बने, मक्का गुण मशहूर ॥1॥

मोटे अनाज में गिनें, क़ब्ज़ करें काफ़ूर।
बवासीर में फ़ायदा, रेशे हों भरपूर ॥2॥

कोलिक-एसिड आयरन, सीमित कोलेस्ट्राल।
भूना मक्का ले सभी, बूढ़े बच्चे ऑल ॥3॥

मटर

पित्त-कफज नाशक मटर, बनती अच्छी दाल।
सब्जी-पनीर में करें, हम सब इस्तेमाल ॥1॥

त्वचा-रोग में फ़ायदा, कच्ची खायें चाव।
गेहूँ-मसूर, मटर का, लेप लगाये घाव ॥2॥

मत खायें ज़्यादा मटर, करता क़ब्ज़-विकार।
दलहन श्रेणी में मटर, करे कई उपचार ॥3॥

पतली लम्बी पौध हो, सब्जी का सरताज।
रबी फसल बोयें मटर, घर पर दें शीराज़ ॥4॥

मूँग

हलवा पापड़ भी बने, बनती अच्छी दाल।
खिचड़ी सुपाच्य मूँग की, खा कर हो खुशहाल ॥1॥

इम्युनिटी अतुलित बढ़े, डेंगू रोग इलाज।
हृदय-व्याधि दूर हो, दलहन का सरताज ॥2॥

चुस्ती-फुर्ती अधिक हो, कम करता मधुमेह।
जोड़ों की पीड़ा हटे, ऊर्जा भरता देह ॥3॥

मेटाबॉलिक अत्यधिक, एण्टीऑक्सीडेंट।
फॉस्फोरस, सेलेनियम, है कॉपर एजेण्ट ॥4॥

मूँगफली (तिलहन)

मूँगफली सबसे अधिक, होती है गुजरात।
तमिलनाडु का स्थान है, यू0पी0 में सौगात ॥1॥

बढ़ती पाचन शक्ति है, रहता स्वस्थ दिमाग़।
भीगी भूनी लाभ दें, बनता रोचक पाग ॥2॥

हृदय-रोग में लाभकर, काया करे विकास।
मूँगफली सेवन करे, लोचन-रोग विनाश ॥3॥

भीगी मूँगफली सदा, न्यून करे मधुमेह।
ठण्डी खायें भूनकर, अपने-अपने गेह ॥4॥

रक्त कमी तन से हटे, ऊर्जा भर दे देह।
गठिया-पथरी लाभकर, मधुर बने अवलेह ॥5॥

फोलिक-एसिड आयरन, रहता टेस्टोकोन।
बीटा-कैरोटीन है, क़ायम लोचन टोन ॥6॥

लघु ओमेगा कैल्शियम, भरा पड़ा प्रोटीन।
न्यून रहे मैग्नीशियम, स्वाद लगे नमकीन ॥7॥

सरसों

हरी-हरी पत्ती रहे, पीले-पीले फूल।
अति छोटे दाने रहें, ग़ायब होते धूल ॥1॥

पीले, काले बीज हों, जिनमें बसते तेल।
कई तरह सेवन करें, रहता नहीं झमेल ॥2॥

सरसो ऑयल का बने, पापड़ संग अचार।
मालिश में उपयोग हो, सेहत करे सुधार ॥3॥

सरसों पत्ती काटकर, बनता सुंदर साग।
काजू मेवा डालकर, बने तेल में पाग ॥4॥

सूखा डंठल काम का, पकती रोटी गाँव।
छप्पर में उपयोग हो, निर्बल घर की ठाँव ॥5॥

चर्म-रोग नाशक रहे, सर्दी-जुकाम दूर।
बालों में प्रयोग करें, पोषण में भरपूर ॥6॥

दाँत-दर्द में लाभकर, वात-रोग काफ़ूर।
रक्त-पित्त वर्धक रहे, कफ औषधि मशहूर ॥7॥

जोड़ों की पीड़ा हरे, बढ़ती इससे भूख।
फोड़े, फुंसी लेप हो, चीरा जाता सूख ॥8॥

कैरोटीनॉयड मिले, रहे लिप्रोप्रोटीन।
वसा जिंक कॉपर सहित, ख़ूब थायमिन लीन ॥9॥

साइन-पाइन तत्त्व है, हड्डी हो मज़बूत।
मिलता भास्वर, कैल्शियम, पोषक-तत्त्व प्रभूत ॥10 ॥।

सूर्यमुखी

इम्युनिटी अपार भरी, लाये त्वचा-निखार।
जोड़ों की पीड़ा हटे, कम हो दाँत-विकार ॥1 ॥

श्वास-रोग में फ़ायदा, गठिया से आराम।
ऊर्जा मिलती अधिक है, सूरजमुखी सुनाम ॥2 ॥

है एण्टीबैक्टीरियल, करता अच्छा काम।
कई विटामिन है भरा, मिले ठीक परिणाम ॥3 ॥

सोयाबीन

हृदय-व्याधि में फ़ायदा, कम होता अवसाद।
सबसे ज़्यादा विश्व में, अमेरिका उत्पाद ॥1 ॥

बालों में आये चमक, ठीक रक्त-संचार।
विकसित मसल्स जल्द हो, कम होता है भार ॥2 ॥

पूड़ी-सब्जी भी बने, साम्य रहे मधुमेह।
सेवन सोयाबीन का, सदैव रखिए गेह ॥3 ॥

ज़्यादा सोयाबीन में, रहता है प्रोटीन।
थोड़ी मिलती है वसा, ऑयल बेहतरीन ॥4 ॥

दूध

गाय-दूध

प्रतिरोधक-क्षमता अधिक, करता कई इलाज।
गाय-दूध में अमित गुण, बसते नाना राज़॥1॥

गिरना रोके बाल का, हो दिमाग़ मज़बूत।
नित्य दूध सेवन करें, ऊर्जा मिले प्रभूत॥2॥

रक्त-कोशिका अति बढ़े, मुख पर आये तेज।
बल-शुक्राणु वर्धक है, भार्या हर्षित सेज॥3॥

बच्चों को विकसित करे, विनष्ट पित्त-विकार।
गाय-दूध बादाम से, आये त्वचा-निखार॥4॥

गाय दूध अमृत सम, करिए नित उपयोग।
उदर, हृदय, टी॰वी॰ मिटा, करता तन नीरोग॥5॥

फॉस्फोरस, मैग्नीशियम, मिलता आयोडीन।
ज्यादा मात्रा कैल्शियम, भरा पड़ा प्रोटीन॥6॥

रहता दोहज गाय में, अतिशय कैरोटीन।
एंजाइम भरपूर है, कई विटामिन लीन॥7॥

भैंस-दूध

गाय-भैंस में बेहतर, रहता दोहज-गाय।
न्यून वसा है गाय में, रहे चिकित्सक राय ॥1॥

रक्तचाप हो संतुलित, कम हो कोलेस्ट्राल।
दाँत-रोग में फ़ायदा, सेहत मालामाल ॥2॥

मिलता भास्वर, कैल्शियम, ज़्यादा है प्रोटीन।
रहे विटामिन 'ए' अधिक, करिए आप यक़ीन ॥3॥

ताँबा, जस्ता भी मिले, सदा भैंस के क्षीर।
वसा अधिक है दूध में, डालें इसमें नीर ॥4॥

बकरी-दूध

राम-बाण इलाज करे, भागे डेंगू-रोग।
अधिक प्लेटलेट्स बढ़े, बकरी-दूध प्रयोग ॥1॥

बकरी-दोहज शिशु पियें, हो माँ दूध-समान।
ग़ायब प्रजाति हो रही, नहीं दुग्ध आसान ॥2॥

हृदय-व्याधि को कम करे, हो सूजन काफ़ूर।
इम्युनिटी ज़्यादा रहे, बकरी-पय मशहूर ॥3॥

फैटी-एसिड, कैल्शियम, कम हो कोलेस्ट्राल।
फॉस्फोरस, सेलेनियम, पिये दूध संभाल ॥4॥

देशी घी

माइग्रेन अति कम हो, थोड़ा डाले नाक।
देशी घी में गुण बसे, विष को करता ख़ाक॥1॥

घी-दोहज सेवन करें, क़ब्ज़ करे काफ़ूर।
रोग-संक्रमण बंद हो, दवा बहुत मशहूर॥2॥

बवासीर में लाभकर, बढ़ता वीर्य-प्रभूत।
चुस्ती-फुर्ती अधिक हो, ऊर्जा आये अकूत॥3॥

रहे विटामिन 'डी' अधिक, फैटी-एसिड लीन।
देशी-घी सेवन करें, अच्छा दिखता सीन॥4॥

दही

थोड़ी अजवाइन दही, क़ब्ज़ भगाये दूर।
मुँह में छाले ख़त्म हों, औषधि ये मशहूर॥1॥

दैनिक सेवन हो दही, करता न्यून तनाव।
खायें खाली पेट मत, नियमित रखिए छाँव॥2॥

दाँत-रोग भी ठीक हो, लू का हो उपचार।
कवि 'अमोघ' दोहें लिखें, दवा वैद्य-अनुसार॥3॥

ज़्यादा सेवन हानिकर, करता गला ख़राब।
शाम समय मत ले दही, खायें सदा हिसाब॥4॥

फल

अखरोट

हृदय अधिक मज़बूत हो, खायें ख़ूब मरीज़ ।
पोषण मिलता अत्यधिक, रहता स्वाद लज़ीज़ ॥1॥

कैंसर में अति लाभकर, होता है मल साफ़ ।
सूजन, पथरी-पित्त की, हो जाती है हाफ़ ॥2॥

फैटी-एसिड अत्यधिक, रहे विटामिन लीन ।
फेनोलिक ज़्यादा रहे, अच्छा दिखता सीन ।3॥

ओमेगा अतुलित रहे, एण्टीऑक्सीडेंट ।
ऊर्जा देता स्नायु को, खायें परमानेंट ॥4॥

अंगूर (Vitis vinifera)

कुच-कैंसर, सूजन सहित, दूर मोतियाबिंद ।
दमा-क़ब्ज़ भागे बदन, भोग लगे गोविन्द ॥1॥

अन्धापन, गठिया सहित, कम हो कोलेस्ट्रॉल ।
रक्तचाप अल्जाइमर, छुटकारा हो ऑल ॥2॥

कर्नाटक ज़्यादा मिले, थोड़ा हो महराष्ट्र ।
तमिलनाडु का स्थान है, मिलती अच्छी कास्ट ॥3॥

चमकदार कुंतल बने, हृदय रहे मज़बूत ।
लंग, त्वचा सब ठीक हो, ऊर्जा मिले अकूत ॥4॥

कई विटामिन संग में, एण्टीऑक्सीडेंट ।
नेत्र-ज्योति में लाभकर, खायें परमानेंट ॥5॥

अंजीर (Ficus carica)

ज़्यादा बढ़ती धातु है, भागे रक्त-विकार।
दूध संग अंजीर ले, श्वेत-प्रदर-उपचार ॥1॥

गले-गाँठ की औषधी, दमा, दस्त हो हाफ़।
रक्तचाप में लाभकर, मूल-रोग हो साफ़ ॥2॥

यौन-शक्ति में कारगर, करिए ख़ूब प्रयोग।
सुबह-शाम सेवन करें, विनष्ट करता रोग ॥3॥

ज़्यादा रहता कैल्शियम, फॉस्फोरस भरपूर।
कई विटामिन भी रहे, टी0वी0 भागे दूर ॥4॥

अनानास (Ananas comosus)

मूल-रोग में लाभकर, भागे पित्त-विकार।
सर्दी-जुकाम संग में, करे त्वचा-उपचार ॥1॥

सुबह-शाम सेवन करें, कमज़ोरी हो दूर।
कील-मुहाँसे ठीक हों, बढ़ता मुख का नूर ॥2॥

प्रतिरोधक-क्षमता बढ़े, होते कई इलाज।
अनानास में है भरा, कई महागद राज़ ॥3॥

एण्टीइंफ्लेलेटरी, रहे विटामिन लीन।
मिलता शोरा, सोडियम, जीवन हो रंगीन ॥4॥

अनार (Punica granatum)

हृदय-व्याधि में लाभकर, कम करता है दर्द।
सेवन करके जूस का, बन जाओ गुलबर्द॥1॥

एण्टीएजिंग गुण है, सेल्स करे रिकॉल।
नई कोशिकायें बनें, लघु हो कोलेस्ट्राल॥2॥

प्रेग्नेंसी में लाभ दे, हो डिप्रेशन दूर।
थोड़ा-थोड़ा रोज़ ले, मुख पर आये नूर॥3॥

महाराष्ट्र खेती करे, होता लघु गुजरात।
तापमान हल्का रहे, तब बनती है बात॥4॥

फोलिक-एसिड ख़ूब है, रहे थायमिन लीन।
कार्बोहाईड्रेट सह, मिलता है प्रोटीन॥5॥

कील-मुँहासे ठीक हो, दे तन को आराम।
रक्तचाप हो संतुलित, नापे प्रति दिन शाम॥6॥

अमरूद

मिचली से राहत करे, कम करता मधुमेह।
भोजन पाचन अधिक हो, विशुद्ध करता देह॥1॥

सेवन हो अमरूद फल, 'अवटु-ग्रंथि' में काम।
रक्तचाप हो संतुलित, तनाव में आराम॥2॥

एलर्जी को कम करे, भागे कोलेस्ट्राल।
दाँत, त्वचा में फ़ायदा, लाल-लाल हो गाल ॥3॥

एण्टीपास्कोडिम सहित, भरा लाइकोपीन।
अतुलित है मैग्नीशियम, साथ रहे प्रोटीन ॥4॥

एण्टीमाईक्रोबियल, ख़ूब रहे अमरूद।
ज़्यादा मात्रा फाइबर, फ़ोलिक मिलता गूद ॥5॥

आड़ू (Prunus Persica)

पाचन को अच्छा करे, करता दूर तनाव।
कैलोरी अति न्यून है, आड़ू खायें चाव ॥1॥

ग्लूकोमा अच्छा करे, हृदय करे अति ठोस।
प्रतिरोधक-क्षमता बढ़े, पैदल जाये कोस ॥2॥

चयपाचय हो संतुलित, संयत कोलेस्ट्रॉल।
स्तन-कैंसर, लोचन सहित, तन का रखता ख़्याल ॥3॥

कैफ़िक-एसिड फ़ाइबर, मैग्नीज मौजूद।
आड़ू में पोटैशियम, लोहा है महदूद ॥4॥

फॉस्फोरस, जस्ता मिले, है टेस्टोस्टेरॉन।
प्रजनन-क्षमता अधिक हो, पूरे हों अरमान ॥5॥

आम (Mangifera Indica)

एक आम के जानिए, कई-कई हैं काम।
मेगाफेरा बोलते, ये वैज्ञानिक नाम ॥1॥

देशी, चौसा, मालदा, हाथीझूला सार।
अल्फांसो, लँगड़ा सहित, होते कई प्रकार ॥2॥

बादामी, तोतापुरी, हिमसागर से आम।
नीलम, केसर, दसहरी, बगनपल्ली नाम ॥3॥

लीवर, कैंसर ठीक हो, नयन बने छविदार।
मोटापा पाचन सहित, होते हैं उपचार ॥4॥

कच्चे-पक्के आम में, स्वाद मिले भरपूर।
सुबह-शाम सेवन करें, मुख पर आये नूर ॥5॥

स्टोन, दमा, एनीमिया, आम फ़ायदेमंद।
गुर्दा, हड्डी ठीक हो, जीवन हो आनन्द ॥6॥

बहुत अधिक है शर्करा, हानि करे मधुमेह।
सदा आम का त्याग हो, बिल्कुल मत हो नेह ॥7॥

पालीफेनालिक रहे, मैराफ़रिन है ख़ूब।
एस्कार्बिक-एसिड मिले, अच्छा गर्भ ट्यूब ॥8॥

बायोएक्टिव संग में, बीटा-कैरोटीन।
खायें पक्के आम को, दिखता अच्छा सीन ॥9॥

तरह-तरह के स्वाद हैं, सीजन खायें ख़ूब
झोला भरकर गिफ्ट दें, जहाँ मिले महबूब ॥10॥

आँवला
(Phyllanthus Emblica)

क़ब्ज़-दस्त में कारगर, खायें इसका चूर्ण।
करे दूर पथरी सदा, उदर दवा सम्पूर्ण ॥1॥

शहद, आँवला नित्य लें, रक्तचाप हो ठीक।
बढ़ता भोजन ज़ायका, औषधि रहे सटीक ॥2॥

त्वचा, बाल में फ़ायदा, कम करता मधुमेह।
नियमित सेवन आँवला, ताकत लाता देह ॥3॥

जूस आँवला नित्य लें, मिला प्रकृति उपहार।
औषधि गुण अनेक रहे, करे कई उपचार ॥4॥

रक्त-अल्पता दूर हो, ख़त्म मोतियाबिंद।
दाँत-दर्द राहत मिले, बने मसूढ़े रिंद ॥5॥

ग़ायब धब्बे-दाग़ हों, मुख पर आये नूर।
बाल घने काले रहें, औषधि ये मशहूर ॥6॥

चूर्ण-आँवला अमृत-सम, बहुत अधिक उपयोग।
कई रोग में कारगर, होता तन नीरोग ॥7॥

करता कच्चा आँवला, गंदा-शोणित-साफ़।
प्रतिरोधक-क्षमता बढ़े, बढ़ता सेहत ग्राफ़ ॥8॥

कार्बोहाईड्रेट सह, मिलता है प्रोटीन।
प्रचुर विटामिन 'सी' रहे, गैलिक-एसिड लीन ॥9॥

टैनिक-एसिड आँवला, फॉस्फोरस से तत्त्व।
मिलता लोहा, कैल्शियम, कौष्ठज रहे महत्त्व ॥10॥

आलू-बुखारा
(Prunus Domestica)

लंग, हृदय, अल्जाइमर, आँख रोशनी तेज।
पाचन को अच्छा करे, रहे बुखारा क्रेज़ ॥1॥

रक्त-क्लाट में लाभकर, फ़ौरन मिले निजात।
चमकदार आकृति बने, दिल का करे इलाज ॥2॥

सेल्स स्ट्राँग, बीटा मिले, रहता कैरोटीन।
उच्च-रक्त को कम करे, अच्छा दिखता सीन ॥3॥

इमली
(Tamarindus inbica)

पेट-दर्द की है दवा, इमली खायें चाव।
पाचन अति बेहतर हो, करता ठीक तनाव ॥1॥

रक्तचाप, लीवर सहित, कई रोग हो हाफ़।
इमली से है फ़ायदा, मल को करता साफ़ ॥2॥

लैक्सेटिव-एसिड रहे, दूर करे मधुमेह।
घर के अन्दर हो सदा, इमली का अवलेह ॥3॥

सेवन इमली नित्य हो, भागे कई डिज़ीज़।
कैंसर का उपचार कर, बनती अच्छी चीज़ ॥4॥

कटहल
jack fruit (Antiaris Toxicaria)

स्वर्ण मनोहर प्रथम है, स्वर्ण पूर्ति प्रजाति।
खजवा कटहल ठोस है, होते अनेक भाँति ॥1॥

लोहा, शोरा भी मिले, दिखता अच्छा सीन।
लघु रेशा, मैग्नीशियम, रहे विटामिन लीन ॥2॥

कच्चे कटहल का बने, सब्जी संग अचार।
पक्का मीठा है लगे, देते सब उपहार ॥3॥

कन्द-मूल-फल

हल्का भूरा रंग हो, अंदर रहे सफ़ेद।
वन से ग़ायब हो रहा, बहुत बड़ा है खेद॥1॥

कंद मूल मीठे रहे, जंगल की है शान।
प्रभू राम सेवन किये, ये है गुण की खान॥2॥

कंद मूल में है भरा, अनेक पोषक-तत्त्व।
भास्वर, लोहा भी मिले, जिसका बहुत महत्त्व॥3॥

आदिवासियों का रहे, कंद मुख्य आहार।
सब्जी, फल प्रयोग करे, रहे कई आकार॥4॥

करौंदा

हरी-भरी डाली रहे, फल होता उपयोग।
कई रोग निदान करे, काया बने नीरोग॥1॥

सब्जी, चटनी, भी बने, अच्छा बने अचार।
औषधि में उपयोग हो, ग्रहण वैद्य-अनुसार॥2॥

कड़वा होता स्वाद है, जाये मूत्र-विकार।
सूखी-खाँसी लाभकर, भागे अंग-बुख़ार॥3॥

पामा-खुजली फ़ायदा, कम करता अतिसार।
दन्त-रोग आराम दे, करे गैस-उपचार॥4॥

काजू फल
(Anacardium occidentale)

मेमोरी बढ़ती अधिक, रक्तचाप में लाभ।
काजू में ऊर्जा भरी, तन बनता हेमाभ॥1॥

नियमित काजू आप लें, हड्डी हो मज़बूत।
हृदय, मसूढ़े ठीक हों, ऊर्जा भरी प्रभूत॥2॥

बायोएक्टिव, फाइबर, ख़ूब भरा प्रोटीन।
खायें काजू फल सदा, फल है ये प्राचीन॥3॥

किन्नू

एलर्जी को कम करता, छाती जलन काफ़ूर।
'अवटु-ग्रंथि' में लाभकर, कई रोग हो दूर॥1॥

कार्बोहाईड्रेट है, मिलता है फ्रक्टोज़,
खाने में अच्छा लगे, तन में आये ओज।2॥

आनन आता नूर है, दिल की गति हो ठीक।
तन की सूजन दूर हो, ऊर्जा मिले प्रतीक॥3॥

किशमिश

गहरा भूरा रंग हो, है सूखा अंगूर।
किशमिश सेवन नित्य हो, रहता आनन नूर॥1॥

गर्म दूध किशमिश मिला, करिए नियमित पान।
क़ब्ज़-रोग नाशक रहे, मुख पर हो मुस्कान॥2॥

गुप्त-रोग इलाज करे, लीवर हो मज़बूत।
प्रतिरोधक-क्षमता बढ़े, ऊर्जा भरी प्रभूत॥3॥

किशमिश सेवन लाभकर, आये त्वचा-निखार।
बालों को पोषण मिले, भागे नेत्र-विकार॥4॥

कीवी

इम्युनिटी ज़्यादा बढ़े, रक्त नहीं हो क्लाट।
सुबह-सुबह नाश्ता करे, अच्छा रहता ठाट॥1॥

लीवर को अच्छा करे, भागे कोलेस्ट्रॉल।
सूजन, मे है लाभकर, अल्सर में है काल॥2॥

हीमोग्लोबिन है भरा, ऊर्जा दे भरपूर।
प्रतिदिन खाये काटकर, आये मुख पर नूर॥3॥

इंसुलीन न्यूटिन रहे, है पॉलीकेनोल।
अनेक पोषक-तत्त्व है, अच्छा कीवी रोल॥4॥

शुगर-रोग अति लाभकर, थोड़ा खायें रोज़।
दमा-व्याधि में कारगर, करिए कीवी भोज॥5॥

केला

पेट-रोग से मुक्ति हो, शरीर बने कमाल।
रक्तचाप हो संतुलित, लाल-लाल हो गाल॥1॥

ताकत हड्डी को मिले, भागे नेत्र-विकार।
केला के अंदर रहे, कई विटामिन सार॥2॥

शोरा, रेशा संग में, स्टार्च रहे भरपूर।
ख़ूब मिले पोटैशियम, फल ये है मशहूर॥3॥

बेरोटॉनिन संग में, कई तत्त्व मजबूत।
मेलाटॉनिन, आयरन, विटामिन है अकूत॥4॥

तमिलनाडु-गुजरात में, हो ज़्यादा महराष्ट्र।
स्थान विश्व में दूसरा, मिलती अच्छी कास्ट॥5॥

कैथा
(Feromia Limonia)

कर्ण-शूल में फ़ायदा, ख़ून करे है साफ़।
भोजन पाचन ठीक हो, शुगर-रोग हो हाफ़॥1॥

एलर्जी नाशक रहे, न्यून धातु का दोष।
वात-पित्त करता शमन, भागे तन आक्रोश॥2॥

स्वर को भी अच्छा करे, लीवर को आराम।
पेट-दर्द विनष्ट करे, खायें चटनी शाम॥3॥

खजूर
(Phoenix Dactylifera)

बवासीर-पाचन सहित, कैंसर-रोग बचाव।
यौन-शक्ति ऊर्जा बढ़े, भागे अंग-तनाव॥1॥

रक्तचाप हो संतुलित, बढ़ता इससे ख़ून।
हृदय-व्याधि को कम करे, आनन बने प्रसून॥2॥

नर्वस सिस्टम ठीक हो, करे अस्थि-मज़बूत।
ग़ायब गठिया-रोग हो, लोहा भरा अकूत॥3॥

मिलता शोरा-सोडियम, भरा पड़ा ग्लूकोज़।
फ़ास्फ़ोरस, मिनरल्स है, रहता है फ़्रक्टोज़॥4॥

अजवा, वरही, डेयरी, होते कई प्रकार।
डेगलेट, इतिमा, बिके, ज़्यादातर बाज़ार॥5॥

खरबूजा
(Cucumis melo)

पाचन, ज़्यादा ठीक हो, करता दूर तनाव
गुर्दा-पथरी लाभकर, खायें इसको चाव॥1॥

इम्युनिटी ज़्यादा रहे, अल्प विटामिन लीन।
आँखों की आभा बढ़े, अच्छा दिखता सीन॥2॥

खरबूजा में अधिक है, एण्टीऑक्सीडेंट।
नब्बे प्रतिशत नीर है, खायें परमानेंट॥3॥

ऑक्सीमाइन है भरा, लाभ करे मधुमेह।
बीटा-कैरोटीन है, ऊर्जा बढ़ती देह॥4॥

नीले-पीले संग में, हो खरबूजा लाल।
बीज भरा अंदर रहे, लगता स्वाद कमाल॥5॥

खिरनी
(Manilkara Hexandra)

मूल-विकार में लाभकर, नष्ट करे सिर-दर्द।
खिरनी नाशक पित्त की, तन बनता गुलबर्द॥1॥

तन की दुर्बलता सहित, दूर करे अतिसार।
नेत्र-रोग नाशक रहे, मिला प्रकृति उपहार॥2॥

औषध बनती छाल की, करती प्रमेह-दूर।
है शामक क्षय-रोग की, बढ़ता मुख पर नूर॥3॥

गन्ना

गुड़, चीनी, सिरका बने, रस पीते हैं लोग।
'गन्ना' नाना गुण बसे, करिए ख़ूब प्रयोग॥1॥

कम करता है पीलिया, रस का हो उपयोग।
ज़िगर-रोग में लाभकर, करिए 'गन्ना' भोग॥2॥

दिल-दिमाग़ गुर्दा सहित, करता आँख-इलाज।
औषध गुण भरपूर हो, करिए 'गन्ना' नाज़ ॥3॥

नींबू, गन्ना-रस नमक, क़ब्ज़ करे काफ़ूर।
गर्मी में सेवन करें, है भेषज मशहूर ॥4॥

शुगर-रोग परहेज़ हो, मत करिए उपयोग।
अतुलित मीठा रस रहे, बढ़ता ज़्यादा रोग ॥5॥

रक्तचाप हो संतुलित, कील-मुहाँसे दूर।
चुस्ती-फुर्ती तन रहे, मुख पर आये नूर ॥6॥

हिन्द देश में है प्रथम, नित यू॰पी॰ का स्थान।
बलुई-दोमट भूमि हो, इसको भी ले जान ॥7॥

चीकू
sapodilla (Manilkara zapota)

आँखों की रक्षा करे, ब्रेन फ़ायदेमंद।
चीकू फल सेवन करें, जीवन हो आनन्द ॥1॥

पानी तन में ख़ूब हो, करता दूर तनाव।
पित्त-क़ब्ज़ नाशक रहे, खायें चीकू चाव ॥2॥

भास्वर, रेशा संग में, एण्टीऑक्सीडेंट।
लेटेकस माला अधिक, ऊर्जा का एजेण्ट ॥3॥

रहे विटामिन 'ए' अधिक, मिलता है ग्लूक्कोज़।
कई रोग नाशक रहे, सुबह-सुबह ले रोज़ ॥4॥

सर्दी-जुकाम दूर हो, हड्डी हो मज़बूत।
मूल-रोग में लाभकर, देता शक्ति अकूत ॥5॥

चेरी

मध्यम छोटे लाल हो, मिलते हैं कश्मीर।
अति पौष्टिक चेरी रहे, जाये गठिया पीर ॥1॥

नेत्र-रोग में फ़ायदा, करता तीव्र दिमाग़।
बालों को पोषण मिले, हो चेरी अनुराग ॥2॥

पाचन को अच्छा करे, अच्छा दिल का रोग।
चेरी-फल में आयरन, ख़ूब करे उपयोग ॥3॥

चेरी-फल के जूस से, सुधरे नेत्र-विकार।
क़ब्ज़-रोग निजात मिले, हो बुख़ार-उपचार ॥4॥

प्रतिरोधक-क्षमता बढ़े, लाभ करे मधुमेह।
फॉस्फोरस लघु कैल्शियम, अच्छा करता देह ॥5॥

छुआरा (छुहारा)

मोटापा ज़्यादा करे, नियमित मासिक-धर्म।
हर मौसम सेवन करें, सूखा फल ये गर्म ॥1॥

दाँत-रोग में लाभकर, हड्डी हो मज़बूत।
रक्तचाप हो संतुलित, ऊर्जा भरी अकूत ॥2॥

सर्दी-खाँसी दूर हो, भागे बन्धु जुकाम।
खायें घी में भूनकर, ये देता आराम ॥3॥

श्वास-व्याधि में फ़ायदा, कम हो मूल-विकार।
नियमित सेवन लाभ दे, करे अपच-उपचार ॥4॥

जामुन

फॉस्फोरस, मैग्नीशियम, रहे कैल्शियम तत्त्व।
काढ़ा जामुन का पियें, मिलता सुख सर्वत्व ॥1॥

कैंसर, पथरी ठीक हो, क़ब्ज़-व्याधि हो दूर।
प्रचुर विटामिन, फाइबर, जामुन में भरपूर ॥2॥

मुँह के छाले ठीक हों, जामुन गुठली-चूर्ण।
छाल पीसकर ले सदा, स्वच्छ दाँत सम्पूर्ण ॥3॥

जामुन-गुठली लाभकर, दूर करे मधुमेह।
नाना गुण इसमें बसे, नहीं हानि हो देह ॥4॥

जामुन के अंदर मिले, कम मात्रा फ़्क्टोज़।
अतुलित मात्रा फाइबर, रहता कम ग्लूक्रोज़ ॥5॥

छोटे विशाल पेड़ पर, आते फल वैशाख।
पक्की जामुन ठीक है, कच्ची जामुन-राख ॥6॥

सुबह-सुबह नाश्ता करे, मुख को करती साफ़।
छाले यदि हो जीभ में, करती जामुन हाफ़ ॥7॥

जैतून olive
(Olea europaea)

सबसे ज़्यादा हिन्द में, मिलता राजस्थान।
औषधि बनती खूब है, वैद्य करें गुणगान॥1॥

पीले, सफ़ेद फूल हो, फल हो अण्डाकार।
प्रतिदिन तेल सेवन से, लाये केश-निखार॥2॥

कील-मुहाँसे नष्ट हों, पेट फ़ायदेमंद।
छोटे बच्चों को लगे, बनते मूसरचंद॥3॥

त्वचा-नर्म-मुलायम हो, कालापन काफ़ूर।
नष्ट दाग़-धब्बे करे, और रतौंधी दूर॥4॥

एण्टीऑक्सीडेंट है, मिलता कैरोटीन।
ओलेइक-एसिड सहित, स्वाद लगे नमकीन॥5॥

तरबूज (WaterMelon)

नब्बे प्रतिशत से अधिक, इस फल में है नीर।
बालू में भी ख़ूब हो, होता गंगा-तीर॥1॥

क़ब्ज़-व्याधि भी ठीक हो, नेत्र फ़ायदेमंद।
गर्मी में सेवन करें, घर भर लें आनन्द॥2॥

शुगर-रोग में हानिकर, है अतुलित नुक़सान।
दिल की धड़कन भी बढ़े, मीठे की है खान॥3॥

होते वेली, शुगर से, आसाही से सार।
दुर्गापुर, केसर रहे, खरबूज के प्रकार॥4॥

हल्का कोलेस्ट्रॉल हो, मिला लाइकोपीन।
शोरा, रेशा अधिक हो, स्वाद रहे शीरीन॥5॥

नारियल (Coconut water)

मूल-रोग नाशक रहे, है ठण्डी तासीर।
अति बलवर्धक नारियल, ज़्यादा रहता नीर॥1॥

वात-पित्त ग़ायब करे, नाश करे नक़सीर।
इम्युनिटी माला अधिक, मिले नारियल नीर॥2॥

खुजली, प्रमेह दूर हो, बवासीर में लाभ।
स्मरण-शक्ति अपार बढ़े, तन बनता हेमाभ॥3॥

अति सुंदर कुंतल बने, दस्त रहे आराम।
तंत्र-मंत्र में काम करें, मिलता अच्छा दाम॥4॥

पाचन, सूजन फ़ायदा, नाशक मूल-विकार।
कील-मुहाँसे नष्ट हों, लाये त्वचा-निखार॥5॥

भूख-प्यास पथरी हटे, मुख पर आये नूर।
अल्सर औषध भी रहे, नींद-दवा मशहूर॥6॥

मिलता मैग्नीशियम है, रहे अमित प्रोटीन।
भरा विटामिन 'सी' अधिक, शोरा, रेशा लीन॥7॥

पौधा रोपण को मिले, नीर-वायु नमकीन।
बहुत लाभकर नारियल, सेवन हो रूटीन॥8॥

गर्मी में सेवन करें, रहें फ़ायदेमंद।
कवि 'अमोघ' दोहे लिखें, आप करें आनन्द॥9॥

नाशपाती (Pear)

रक्तचाप हो संतुलित, कम करता है वेट।
है ज्वर नाशक गुण वसा, कम करता है पेट ॥1॥

ऊर्जा-वर्धक फल रहे, नफ़ा करे मधुमेह।
कील-मुहाँसे नष्ट हों, सुंदर करता देह ॥2॥

प्रतिरोधक-क्षमता बढ़े, नष्ट जिगर का रोग।
सुबह-शाम दोपहर में, खूब करें उपयोग ॥3॥

कई विटामिन भी रहे, रहते पोषक-तत्त्व।
आकृति जैसे सेब की, इसका बहुत महत्त्व ॥4॥

नींबू (lemon)

बारहमासी, कागजी, नींबू मिले प्रकार।
मीठा नींबू भी बिके, गाँव-'गली' बाज़ार ॥1॥

पाचन-कैंसर ठीक हो, करे रिहाईड्रेट।
किडनी में है लाभकर, और करे कम वेट ॥2॥

इम्युनिटी अतुलित करे, नफ़ा करें मधुमेह।
चुस्ती-फुर्ती अधिक हो, ऊर्जा भरता देह ॥3॥

क़ब्ज़-रोग की है दवा, पथरी का उपचार।
नींबू, पानी अमृत सम, लें डॉक्टर-अनुसार ॥4॥

 आरोग्य-दोहावली

अधिक रहे मैग्नीशियम, एण्टीऑक्सीडेंट।
फॉस्फोरस, कैल्शियम है, खायें परमानेंट॥5॥

भरा विटामिन 'सी' अधिक, करिए आप यक़ीन।
कार्बोहाईड्रेट सहित, मिलता है प्रोटीन॥6॥

सब्जी-शरबत में पड़े, अच्छा होता स्वाद।
नींबू में गुण बहुत हैं, हल हो प्रेतोन्माद॥7॥

ठण्डी-गर्मी नित्य लें, रहे फ़ायदेमंद।
कवि 'अमोघ' दोहे लिखें, आप करें आनन्द॥8॥

पपीता

आँखों की आभा बढ़े, कम हो कोलेस्ट्रॉल।
पाचन को अच्छा करे, गाल बनाए लाल॥1॥

एंजाइम, पपेन सहित, रेशा मिले प्रभूत।
प्रतिरोधक-क्षमता बढ़े, ऊर्जा भरे अकूत॥2॥

न्यूटिन बीटा तत्त्व है, खायें परमानेंट।
भरा पपीता में रहे, एण्टीऑक्सीडेंट॥3॥

रहे विटामिन 'सी' अधिक, मिलता कैरोटीन।
अति सुंदर सेहत बने, करिए आप यक़ीन॥4॥

जॉन्डिस-अथराइटिस में, देता है आराम।
कवि 'अमोघ' लक्षण लिखें, अच्छे हैं परिणाम ॥5॥

अतुलित माला फाइबर, यूरिक-एसिड दूर।
तन की कमज़ोरी हटे, कई रोग काफ़ूर ॥6॥

पिस्ता

पिस्तादाना लघु रहे, मिले स्वाद नमकीन।
खेती राजस्थान हो, खायें इसे कुलीन ॥1॥

एण्टीडायबिटिक रहे, कम करता मधुमेह।
पिस्ता सेवन नित करें, ऊर्जा देता देह ॥2॥

मेमोरी अति तेज हो, सिर-पीड़ा काफ़ूर।
प्रतिरोधक-क्षमता बढ़े, रक्त-अल्पता दूर ॥3॥

ज़्यादा पैदावार हो, पूरे जग ईरान।
सुबह-सुबह नाश्ता करें, ड्राई फ़ूड्स शान ॥4॥

यौन-रोग में लाभ दे, हड्डी हो मज़बूत।
बालों को पोषण मिले, रेशा रहे अकूत ॥5॥

लोहा, ताँबा संग में, मिलता है प्रोटीन।
थोड़ी माला कैल्शियम, मैग्नीज़ है लीन ॥ 6

बड़हल
monkey jack (Artoarpus lakoocha)

कच्चा बड़हल क्षति करे, बढ़ता नेत्र-विकार।
वात, पित्त, कफ़ अधिक हो, न्यून रक्त-संचार॥1॥

बड़हल का अपक्त्व फल, होता अम्ल-कषाय।
नष्ट जठराग्नि को करे, मत खाये अधिकाय॥2॥

पक्का बड़हल मधुर हो, करता विनाष्ट-वात।
उष्ण, तिक्त, कषाय रहे, ले थोड़े अनुपात॥3॥

सब्जी अच्छी भी बने, बनता अधिक अचार।
बड़हल का प्रयोग करें, घर में कई प्रकार॥4॥

बेल
(Aegle marmelos)

विल्व पत्र चढ़ता सदा, महादेव भगवान्।
दिव्य बेल पर है हुए, विशाल अनुसन्धान॥1॥

गैस, क़ब्ज़, लू ठीक हो, कम हो कोलेस्ट्रॉल।
गूदे का शर्बत पियें, बूढ़े-बच्चे ऑल॥2॥

मुँह के छाले दूर हो, ठण्डी हो तासीर।
अच्छा लीवर-रोग हो, दूर अंग के पीर॥3॥

दिल के रोगी बेहतर, करते हैं महसूस।
बीज सदा बाहर करे, ग्रहण बेल के जूस ॥4॥

बहरापन, क्षय-व्याधि में, करता है ये काम।
डायरिया, पेचिश सहित, उदर-व्याधि आराम ॥5॥

कान-दर्द किडनी सहित, कम करता मधुमेह।
मूल-रोग में फ़ायदा, गर्मी रक्खे गेह ॥6॥

मकोय (भटकोइयाँ)
nhi likhns (Black Nightshade)

भेषज मकोय भी बने, करती गठिया दूर।
पत्ते का रस बूँद दो, कान दवा मशहूर ॥1॥

सूजन, खाँसी, अपच भी, मकोय से काफ़ूर।
पेट-घाव, लीवर सहित, जुकाम भागे दूर ॥2॥

टी0वी0, उल्टी, पीलिया, हटता नेत्र-विकार।
चर्म-रोग में लाभ है, करे कुष्ठ-उपचार ॥3॥

अति छोटी काली रहे, कम करती है प्यास।
कमजोरी भागे बदन, भरता मन विश्वास ॥4॥

मुनक्का

आँखों की आभा बढ़े, न्यून मोतियाबिंद।
नाश्ते में प्रयोग करें, भोग लगे गोविंद॥1॥

सर्दी में सेवन अधिक, गर्म रहे तासीर।
दाँत-रोग में लाभकर, न्यून हृदय के पीर॥2॥

पाचन में सुधार करे, ऊर्जा दे भरपूर।
रक्त-अल्पता दूर हो, आये तन पर नूर॥3॥

किडनी-गठिया लाभ दें, खट्टा रहता स्वाद।
एण्टीऑक्सीडेंट है, कम होता अवसाद॥4॥

मौसम्बी
(citrus limetta)

मौसम्बी के जूस का, खट्टे-मीठे स्वाद।
नींबू जैसे रूप है, रस रहता तादाद॥1॥

रस मौसम्बी का पियें, तन हो सेहतमंद।
नाश्तें में सेवन करें, दिन भर लें आनन्द॥2॥

मौसम्बी छिलका करे, नाना रोग विनाश।
हृदय-घात अति न्यून हो, अच्छा करता श्वास॥3॥

मौसम्बी सबसे अधिक, मिलती है महराष्ट्र।
कर्नाटक, से भी मिले, अच्छी इसकी कास्ट॥4॥

नेवल अच्छी किस्म है, माल्टा होती जाति।
जाफ़ा, सतगूड़ी सहित, मौसम्बी के भाँति ॥5॥

साबुन-शराब में पड़े, इंफेक्शन हो दूर।
अल्सर, जॉन्डिस ठीक हो, नेल बढ़ाये नूर ॥6॥

पाचन को अच्छा करे, कम हो स्कर्वी-रोग।
ऊर्जा पाने के लिए, इसका हो उपयोग ॥7॥

भरा विटामिन 'सी' अधिक, कैलोरी है अल्प
एण्टी-बैक्टीरियल है, करता काया-कल्प ॥8॥

थोड़ा कोलेस्ट्राल हो, एण्टीऑक्सीडेंट।
फॉस्फोरस, कोलिन बसे, रस ले परमानेंट ॥9॥

दमा, दाग़-धब्बे मिटे, कील-मुहाँसे ठीक।
कवि 'अमोघ' दोहे लिखें, औषधि क़ब्ज़ सटीक ॥10॥॥

रसभरी
(Peruvian groundcherry)

सूजन को अति कम करे, संयत शोणित-चाप।
देह जलन में लाभकर, ठीक रहे तन-ताप ॥1॥

प्रतिरोधक-क्षमता बढ़े, है ऊर्जा भरपूर।
हृदय, आँख, गठिया सहित, करे शुगर को दूर ॥2॥

रहे विटामिन 'ए' अधिक, पूरा हो संकल्प।
कम माला प्रोटीन है, कैलोरी अति अल्प ॥3॥

लीची
(Lycheechinensis)

इम्युनिटी बूस्टर रहे, गोरे होते गाल।
न्यून आयु हरदम लगे, शरीर बने कमाल ॥1॥

यौन-रोग में कारगर, दिल की गति हो ठीक।
हल्का मीठा स्वाद है, पोषक-तत्त्व प्रतीक ॥2॥

ज़्यादा विकसित तन बने, पाचन करता ठीक।
कफ, दिल, कैंसर, अस्थमा, औषधि बने सटीक ॥3॥

लोहा, शोरा संग में, एण्टीऑक्सीडेंट।
लघु रेशा, मैग्नीशियम, सेवन परमानेंट ॥4॥

शहतूत

खट्टा-मीठा स्वाद हो, छोटा फल शहतूत।
फल के अंदर रस रहे, खाकर हो अभिभूत॥1॥

सर्दी-जुकाम दूर हो, लीवर में आराम।
मूत्र-रोग में फ़ायदा, नेत्र रोग में काम।2॥

शुगर-रोग में लाभ दे, कम हो कोलेस्ट्रॉल।
ज़्यादा पाचन-शक्ति हो, खायें इसे सँभाल॥3॥

सीताफल (शरीफ़ा)
(Sugar Apple)

इम्युनिटी अतुलित बढ़े, ऊर्जा है भरपूर।
जीवन तनाव रहित हो, करे शुगर को दूर॥1॥

गठिया में है लाभकर, संयत शोणित-चाप।
कमी ख़ून की दूर हो, चाहे जब ले माप॥2॥

पत्ती उबाल कर पियें, भागे तन मधुमेह।
चुस्ती-फुर्ती हो सदा, ऊर्जा आये देह॥3॥

मिलता ज़्यादा सोडियम, एण्टीऑक्सीडेंट।
ख़ूब विटामिन 'सी' रहे, मत ले परमानेंट॥4॥

संतरा (Orange)

नेवल, एसिड संतरा, ब्लड से रहे प्रकार।
सबसे अच्छा गोल है, ले इच्छा अनुसार॥1॥

महाराष्ट्र नम्बर प्रथम, द्वितीय झालावाड़।
खेती करिये संतरा, धन का करे जुगार॥2॥

खट्टा-मीठा स्वाद है, छिलके का भी दाम।
औषध में उपयोग हो, मिले सुखद परिणाम।3॥

किडनी, पथरी लाभकर, पड़े नहीं दिल घात।
शुगर-रोग में अल्प ले, ज़्यादा मत ले रात॥4॥

शोरा, रेशा भी मिले, भागे कोलेस्ट्राल।
एण्टीफंगल संतरा, सेहत मालामाल॥5॥

भरा विटामिन 'सी' अधिक, सिट्रिक-एसिड ख़ूब।
कैलोरी अति न्यून हो, पूरे हों मंसूब॥6॥

एण्टीबैक्टीरियल है, ऊर्जा भरता अंग।
भिन्न-भिन्न गुण संतरा, भरता जूस उमंग॥7॥

इम्युनिटी अपार बढ़े, जूस पियें हर रोज़।
गाल लाल गुलाल बने, स्वर में आये ओज॥8॥

सेब
(Apple Melus pomestica)

आँत-रोग में लाभकर, खायें खाली पेट।
क़ब्ज़-व्याधि को कम करे, रखिए नाश्ता प्लेट ॥1॥

पाचन, कैंसर ठीक हो, हड्डी हो मज़बूत।
लीवर को अच्छा करे, ताकत सेब अकूत ॥2॥

दाँत-बाल में चमक हो, आये त्वचा-निखार।
हर मौसम सेवन करें, सेब मिले बाज़ार ॥3॥

प्रतिरोधक क्षमता बढ़े, करता दूर तनाव।
बाहर करके बीज को, गूदा खायें चाव ॥4॥

हृदय-व्याधि में लाभकर, कम करता मधुमेह।
दमा-रोग भी ठीक हो, ऊर्जा देता देह ॥5॥

राज्य हिमाचल दूसरे, प्रथम सदा कश्मीर।
कवि 'अमोघ' दोहे लिखें, खाकर बनिए वीर ॥6॥

स्परसेमी, स्पर स्टैंडर्ड, अच्छा सेब प्रकार।
हज़ार प्रजाति से अधिक, हो मौसम अनुसार ॥7॥

हीमोग्लोबिन, फाइबर, न्यून रहे शीरीन।
एण्टीएजिंग गुण रहे, जीवन बने रंगीन ॥8॥

फेनोलिक पोटैशियम, एण्टीऑक्सीडेंट।
सुंदर सेहत सेब से, खायें परमानेंट ॥9॥

नियमित सेवन सेब का, मिलता है प्रोटीन।
प्रतिरोधक-क्षमता बढ़े, कई विटामिन लीन ॥10॥

मसाला

अजवाइन

सर्दी से राहत मिले, करता न्यून-जुकाम।
पाचन-क्षमता अत्यधिक, गठिया में आराम ॥1॥

कीड़े मारे पेट के, हटता क़ब्ज़-विकार।
कील-मुहाँसे की दवा, यौन-रोग उपचार ॥2॥

चर्म-रोग में कारगर, खुल कर हो पेशाब।
फोड़ा-फुँसी लाभ दे, आदत हटे शराब ॥3॥

अजवाइन में गुण कई, बदले तन तक़दीर।
चोट-मोच राहत मिले, कम हो वपु के पीर ॥4॥

कान-दर्द औषध रहे, कम करता मधुमेह।
बहुत पुरानी है दवा, हरदम रखिए गेह ॥5॥

अच्छा करता हाज़मा, नियमित मासिक-धर्म।
नाशक छाती-जलन का, अजवाइन के मर्म ॥6॥

मलेरिया में लाभ दे, ग़ायब खुजली-रोग।
प्रसव बाद अति कारगर, महिला करे प्रयोग ॥7॥

गुर्दा ताकतवर बने, हैजा मिले निजात।
अजवाइन सेवन करें, अच्छी कटती रात ॥8॥

खेती इसकी अधिक हो, प्रदेश राजिस्थान।
मूल रूप ईरान है, होती घर की शान ॥9॥

इलायची (छोटी)

इलायची छोटी बड़ी, समझिए दो प्रकार ।
काली-भूरी हो हरी, रंग लाल से सार ॥1॥

मुँह का कैंसर मात दें, खायें दोहज संग ।
तनिक शहद भी डालिए, बढ़े शरीर उमंग ॥2॥

भोजन के उपरांत ले, करे क़ब्ज़ काफ़ूर ।
श्वास-व्याधि में अमृत सम, रहे अस्थमा दूर ॥3॥

बेल छाल के संग में, पीयें काढ़ा आप ।
इलायची थोड़ी रहे, कम करता तन-ताप ॥4॥

बढ़ती पथरी-पित्त की, मात्रा अधिक ख़राब ।
मुँह में कसाव अति बढ़े, खायें इसे हिसाब ॥5॥

कर्नाटक, केरल सहित, तमिलनाडु उत्पाद ।
सदा हरा पौधा रहे, शीतल, तीक्ष्ण स्वाद ॥6॥

इलायची (बड़ी)

भागे विषाक्त तत्त्व तन, ज़्यादा इस्तेमाल ।
दाँत-दर्द में फ़ायदा, मुँह की महक बहाल ॥1॥

शीश-दर्द नाशक रहे, करती आँत-इलाज़ ।
श्वास-समस्या दूर हो, लीवर करता नाज़ ॥2॥

काली इलायची मिले, अधिक लिपोप्रोटीन ।
सेवन थोडा कीजिए, स्वाद रहे नमकीन ॥3॥

काली-खाँसी दूर हो, गुर्दे में है काम।
रोग-संक्रमण कम करे, कैंसर में आराम ॥4॥

हड्डी अति मज़बूत हो, दूर करे अवसाद।
उदर-रोग में फ़ायदा, इसको ले तादाद ॥5॥

कड़ी पत्ता (करी पत्ता/मीठी नीम)

दस्त-रोग में फ़ायदा, डायरिया में काम।
पत्ते को ले पीसकर बवासीर आराम ॥1॥

भोजन में प्रयोग करें, बढ़ता व्यञ्जन स्वाद।
रक्त-अल्पता दूर हो, बाल-दवा ईजाद ॥2॥

किडनी, लीवर लाभकर, कम करता मधुमेह।
थोड़ा कोलेस्ट्रॉल हो, रक्खें पौधा गेह ॥3॥

एण्टीडायबिटिक रहें, एण्टीऑक्सीडेंट।
हो सेवन पत्ता करी, भोजन परमानेंट ॥4॥

कतीरा (गोदकतीरा)

गोदकतीरा कारगर, नियमित मासिक-धर्म।
कमज़ोरी ग़ायब करें, जाने इसके मर्म ॥1॥

प्रसव बाद सेवन करें, करता दूर थकान।
यौन-रोग में फ़ायदा, दवा बहुत आसान ॥2॥

क़ब्ज़-रोग में लाभकर, ठण्डी हो तासीर।
कुच ज़्यादा विकसित करे, मिलते कई नज़ीर ॥3॥

कमर-दर्द भेषज रहे, कम करता मधुमेह।
चुस्ती-फुर्ती ख़ूब दे, सुंदर करता देह ॥4॥

कलौंजी (मंगरैल/मंगरैला)

प्रातकाल सेवन करें, पीयें ज़्यादा नीर।
शुगर, क़ब्ज़ राहत दे, अच्छा करे शरीर ॥1॥

मंगरैल काले रहे, छोटे होते बीज।
व्यंजन में उपयोग से, भोजन बने लज़ीज़ ॥2॥

सब्ज़ी, अचार में पड़े, पड़ता ख़ूब पुलाव।
थोड़ा सलाद में रहे, खायें इसको चाव ॥3॥

कफ-विकार को कम करे, पोषण देता केश।
काले-कुंतल ख़ूब हों, अच्छा बनता वेश ॥4॥

बकरी-दोहज संग में, इसका करिए पान।
हृदय-रोग से मुक्ति हो, आयुर्वेद-विधान ॥5॥

प्रसव बाद सेवन करें, श्वेत-प्रदर हो दूर।
कमज़ोरी ग़ायब करे, आनन आता नूर ॥6॥

आभा बढ़ती आँख की, गिरना रोके नीर।
न्यून मोतियाबिंद हो, दन्त करे कम पीर ॥7॥

ज़्यादा आये सिर अलक, गञ्जापन हो दूर।
नींबू रस, लघु तेल में, मसाज़ करें ज़रूर ॥8॥

शोरा, लोहा भी मिले, एण्टीऑक्सीडेंट।
आमीनो-एसिड भरा, लघु ले परमानेंट॥9॥

कॉफी

कॉफी में कैफ़ीन है, कम कर दे अवसाद।
थोड़ी मात्रा लें सदा, अच्छा आये स्वाद॥1॥

कॉफी सेवन में रहे, तरह-तरह की भ्राँति।
तन से आलस दूर हो, जाये थोड़ा क्लाँति॥2॥

कर्नाटक का है अधिक, पूरे भारत स्थान।
प्रथम विश्व ब्राजील है, कुल कॉफी सम्मान॥3॥

काली मिर्च
(kali mirch) (piper nigrum)

पाचन-प्रक्रिया ठीक हो, सर्दी से आराम।
खाँसी में सेवन करें, भेषज रहे जुकाम॥1॥

एण्टी-कैंसर गुण रहे, रहता पाइपरीन।
कैंसर बचाव की दवा, मत लें ये रूटीन॥2॥

दोहज, काली मिर्च ले, तन बन जाये मर्द।
चुस्ती-फुर्ती अधिक हो, भागे तन का दर्द॥3॥

सेवन काली मिर्च से, क्रियाशील हो आँत।
भूख बढ़ाने की दवा, ये रहती प्रख्यात॥4॥

लाभ करे मधुमेह में, कम हो कोलेस्ट्रॉल।
थोड़ी मात्रा ले सदा, खायें ये संभाल ॥5॥

धूम्रपान के त्याग में, काली मिर्च प्रयोग।
एण्टीएजिंग गुण रहे, रहे त्वचा नीरोग ॥6॥

कार्बोहाईड्रेट सह, रहता है प्रोटीन।
लोहा, शोरा भी भरा, पीसे सदा महीन ॥7॥

केसर

केसर के अंदर रहे, अनेक पोषक-तत्त्व।
दैनिक जीवन लाभकर, भेषज बहुत महत्त्व ॥1॥

इम्युनिटी अतुलित रहे, पाचन हो मज़बूत।
केसर सेवन नित्य हो, ऊर्जा पायें अकूत ॥2॥

केसर पड़ता दूध में, अच्छी बनती खीर।
कीमत केसर अधिक है, पैदा हो कश्मीर ॥3॥

पूरे तन ऊर्जा भरे, करता तेज दिमाग़।
गर्भवती नारी करें, केसर से अनुराग ॥4॥

आँखों की आभा बढ़े, खायें ये अनुपात।
गठिया में है लाभकर, अच्छी कटती रात ॥5॥

लीवर-सूजन ठीक हो, नियमित मासिक-धर्म।
केसर, पय सेवन करें, त्वचा बनाये नर्म॥6॥

नियमित केसर, पय पियें, भागे यौन-विकार।
सभी आयु में लाभकर, ग्रहण वैद्य-अनुसार॥7॥

केसर, दोहज, लघु शहद, लाये त्वचा-निखार।
सुबह-शाम सेवन करें, करिए नहीं विचार॥8॥

खमीर
(yeast)

लीवर को अच्छा करे, होता कुष्ठ-इलाज।
चर्म-रोग की है दवा, खमीर औषधि राज़॥1॥

व्यञ्जन को खट्टा करे, ये गुण रहे खमीर।
ज़्यादा खाना हानिकर, बिगड़े सब तासीर॥2॥

बदहज़मी उल्टी बढ़े, बढ़ता दस्त-विकार।
ज़्यादा खमीर हानिकर, लें डॉक्टर अनुसार॥3॥

गुलाब-जल

महके गुलाब जल सदा, डाले इसको नेत्र।
सहलक में प्रयोग करें, गमके पूरा क्षेत्र ॥1॥

एलर्जी अतुलित करे, हो प्रयोग संभाल।
तन में खुजली हो अधिक, कम हो इस्तेमाल ॥2॥

डिमेंशिया, अल्जाइमर, अच्छा करे इलाज।
गर्मी में प्रयोग करें, काली त्वचा निजात ॥3॥

चाय-पत्ती

रक्त-कमी ज़्यादा बढ़े, बढ़ता मूत्र-विकार।
पाचन, ताकत नष्ट हो, रोग लगे अंबार ॥1॥

सुबह-सुबह अति हानिकर, रखिए मत दरकार।
रिक्त पेट मत लें कभी, बने व्याधि-भण्डार ॥2॥

रक्तचाप ज़्यादा करे, चाय रहे कैफ़ीन।
अल्सर का ख़तरा बढ़े, पिये नहीं रूटीन ॥3॥

ज़्यादा मात्रा चाय से, हड्डी हो कमज़ोर।
घर की महिला ध्यान दें, मत दे चाय किशोर ॥4॥

मिचली, घबराहट बढ़े, भूख रहे काफ़ूर।
एक बार दिन में पियें, नित्य नहीं दस्तूर ॥5॥

नियमित सेवन चाय से, बढ़ता कोलेस्ट्रॉल।
हृदय-व्याधियाँ अधिक हों, चाय पियें संभाल ॥6॥

दोबारा मत गरम हो, बची हुई कुछ चाय।
निर्बल करके आँत को, कर देती असहाय ॥7॥

ज़्यादा बगान है मिले, असम संग बंगाल।
ज़्यादा खेती कर हुए, किसान मालामाल ॥8॥

चिरौंजी
(Buchanania cochinchinensis)

त्वचा लगायें पीसकर, तन बनता श्वेताभ।
शारीरिक ऊर्जा बढ़े, मिलता नाना लाभ ॥1॥

सर्दी-ज़ुकाम कारगर, कील-मुहाँसे साफ़।
नियमित सेवन यदि करें, अंग-दाग हो हाफ़ ॥2॥

दूध-खीर में हैं पड़े, स्वाद बने आहार।
नित्य चिरौंजी ग्रहण हो, शामक पित्त-विकार ॥3॥

मधुर, अम्ल, कषाय रहे, नाशक मेदो-रोग।
शीश-दर्द में फ़ायदा, करिए इसे प्रयोग ॥4॥

मिश्री-चिरौंजी लघु पय, करे यौन उपचार।
अति बलवर्धक ये रहे, भागे वीर्य-विकार ॥5॥

चीनी

चीनी के अंदर रहे, बहुत अधिक ग्लूक्रोज़।
थोड़ी मात्रा ले सदा, मत खायें ये रोज़॥1॥

सेरेटोनिन स्राव हो, बने अधिक सुक्रोज़।
खायें चीनी अधिक मत, आयी नवीन खोज॥2॥

अतुलित चीनी हानिकर, लीवर करे ख़राब।
किडनी, गठिया रोग में, खायें आप हिसाब।3॥

हृदय-रोग नुक़सान है, बढ़ता है मधुमेह।
मोटापा ज़्यादा बढ़े, लेश मात्र हो नेह॥4॥

कैलोरी   के   संग   में,   कार्बोहाईड्रेट।
ताँबा, लोहा, सोडियम, छिपे मिले सीक्रेट॥5॥

'डोकोइन' चीनी रहे, अच्छा करता मूड।
लो-ब्लड-प्रेशर ठीक हो, डाले चीनी फ़ूड॥6॥

शुगर-रोग में छोड़कर, खायें चीनी जरूर।
चुस्ती-फुर्ती खूब दे, कई रोग हो दूर॥7॥

फ़ौरन ताकत तन मिले, है मिलता फ़्रक्टोज़।
देशी औषध में लगे, देता तन को ओज॥8॥

जरूख्या (अजगन्धा)
(cleome viscosa)

जरूख्या का तड़का लगे, होता प्रचुर पहाड़।
व्यञ्जन में प्रयोग करें, ज़्यादा रहे डिमांड॥1॥

जरूख्या पत्ती लाभकर, अच्छा अल्सर घाव।
शीश-दर्द की है दवा, खाये इसको चाव॥2॥

जरूख्या अंदर तेल है, भागे अंग-बुख़ार।
हैजा-गठिया ठीक हो, करे क़ब्ज़-उपचार॥3॥

हरी-हरी पत्ती रहे, पीत-श्वेत हैं फूल।
छोटे-छोटे बीज हो, ग़ायब रहते शूल॥4॥

जायफल

स्वाद भरा है जायफल, रहे मसाला शान।
प्रचुर रूप घर में मिले, भेषज की है खान॥1॥

प्रसव बाद सेवन करें, कमर-दर्द आराम।
भूख बढ़ाये अत्यधिक, मिले ठीक परिणाम॥2॥

सर्दी-खाँसी लाभकर, दूर करे अवसाद।
व्यञ्जन में पड़ता अधिक, सुन्दर करता स्वाद॥3॥

लघु इलायची, जायफल, थोड़ा केसर डाल।
नियमित सेवन दुग्ध से, बढ़ता सेक्स कमाल॥4॥

लकवा, गठिया लाभ दे, दाँत-दर्द आराम।
दस्त-व्याधि में जायफल, का लगता है काम ॥5॥

जावित्री

जावित्री छिलका रहे, बने जायफल बीज।
व्यञ्जन में दोनों पड़ें, भोजन बने लज़ीज़ ॥1॥

एमिलेस अति कम रहे, न्यून करे मधुमेह।
पाचन-ताकत अधिक बढ़े, चुस्ती लाये देह ॥2॥

एण्टीबैक्टीरियल है, होता रोग बचाव।
सर्दी-जुकाम में सदा, ठीक करे बर्ताव ॥3॥

लीवर, अथराइटिस में, अच्छा रहे प्रभाव।
मोटापा को कम करे, देते वैद्य-सुझाव ॥4॥

जीरा

एण्टीफंगल गुण रहे, करे त्वचा को साफ़।
कील-मुहाँसे ख़त्म हों, फोड़े-फुंसी हाफ ॥1॥

हीमोग्लोबिन स्तर बढ़े, लोहा मिले प्रभूत।
रूसी जाये शीश से, कॉपर रहे अकूत ॥2॥

जीरा खायें शुगर में, होता है अति लाभ।
रक्त-शर्करा कम करे, तन बनता हेमाभ ॥3॥

जीरा-सेंदुर साथ लें, शामिल सरसो तेल।
खुजली ग़ायब अंग से, दवा नहीं है फेल ॥4॥

मितली-उल्टी की दवा, मुँह की बदबू दूर।
खट्टी डकार बंद हो, अपच करे काफ़ूर॥5॥

कीड़े मारे पेट के, दाँत-रोग उपयोग।
दस्त-व्याधि में लाभकर, करिए जीरा भोग॥6॥

कफ-विकार, ल्यूकोरिया, जीरा दे आराम॥
कुच में दोहज अधिक हो, औषधि लगता काम॥7॥

ज़्यादा पैदावार में, राज्य रहे गुजरात।
औषध गुण भरपूर है, अति कम करता वात॥8॥

समय सदा थोड़ा लगे, उपज बहुत आसान।
कवि 'अमोघ' दोहा लिखें, जीरा है वरदान॥9॥

तेजपत्ता

शुगर-रोग में लाभकर, कम करता ग्लूक़ोज़।
व्यञ्जन में प्रयोग करें, खायें इसको रोज़॥1॥

खाँसी, फ्लू, ब्रोंकाइटिस, किडनी करे बचाव।
फंगल-इंफेक्शन सहित, ज़ख्म ठीक बर्ताव॥2॥

रहता लोहा संग में, कार्बोहाईड्रेट।
फैट, फाइबर, कैल्शियम, करता अच्छा पेट॥3॥

अतुलित बढ़ता ज़ायका, पड़ता खूब पुलाव।
सब्जी में ज़्यादा पड़े, घर से रहे जुड़ाव॥4॥

खड़ा तेज पत्ता नहीं, कभी करे उपयोग।
तन के अंदर हानिकर, बढ़ते नाना रोग॥5॥

दालचीनी

अपच-व्याधि में लाभकर, जीरा संग इलाज।
तनिक सोंठ भी डालिए, बदले सहज मिज़ाज़॥1॥

उल्टी-मचली लाभ दे, भागे अंग-जुकाम।
उरज दूध उतरे अधिक, धारण गर्भ-विराम॥2॥

शुगर-रोग सेवन करे, दालचीनी-सुचूर्ण।
रक्त-शर्करा कम रहे, इलाज हो सम्पूर्ण॥3॥

वीर्य-वृद्धि अतुलित करे, ग्रहण करें पय-संग।
बलकारक औषधि रहे, ऊर्जा भरता अंग॥4॥

औषधि गुण भरपूर है, कम करता है दर्द।
सब्जी में प्रयोग करें, मुख बनता गुलबर्ग॥5॥

धनिया

अच्छी पाचन-शक्ति हो, धनिया करें प्रयोग।
मूत्र-व्याधि को कम करे, व्यञ्जन हो उपभोग॥1॥

बढ़ता शोणित अधिक है, हटते अनेक मर्ज।
नित्य ग्रहण धनिया करे, करते 'अमोघ' अर्ज॥2॥

रक्तचाप हो संतुलित, सर्दी-खाँसी लाभ।
सब्जी, सलाद में पड़े, तन बनता श्वेताभ॥3॥

आँखों की आभा बढ़े, खुल कर हो पेशाब।
त्वचा-रोग में फ़ायदा, पूरे होते ख़्वाब॥4॥

शोरा, लोहा भी मिले, है मिलता प्रोटीन।
फॉस्फोरस, मैग्रीशियम, लीवर बने नवीन॥5॥

रेशा, जस्ता, कैल्शियम, रहे थायमिन तत्त्व।
प्रचुर नियासिन भी रहे, इसके बहुत महत्त्व॥6॥

सूखी-धनिया से सदा, मिलता मधुरिम स्वाद।
नियमित धनिया ले हरी, दूर करे अवसाद॥7॥

थोड़ा सेवन नित्य हो, भागे तन मधुमेह।
रहे विटामिन 'सी' अधिक, रखिए धनिया गेह॥8॥

नमक (काला)

क़ब्ज़-व्याधि अति फ़ायदा, संयत शोणित-चाप।
सेरोटोनिन तत्त्व है, हरे कई संताप॥1॥

जल, नींबू, काला-नमक, पियें आप ये घोल।
पी0यच0 लेवल ठीक हो, औषधि ये अनमोल॥2॥

अच्छा काला-नमक हो, करता दूर तनाव।
घर मे प्रयोग ख़ूब हो, खायें बिना दबाव॥3॥

बॉडी डिटॉक्स ये करे, शुगर फ़ायदेमंद।
खीरा, गाजर, प्याज से, सलाद में आनन्द ॥4॥

अजवाइन, काला-नमक, क़ब्ज़ करे काफ़ूर।
पेट-दर्द आराम हो, गठिया-रोग सुदूर ॥5॥

नमक (साधारण समुद्री)

साधारण, काला-नमक, सेंधा रहे प्रकार।
समझ बूझ करके सदा, लें सुविधा अनुसार ॥1॥

भोजन में हो अत्यधिक, सागर नमक प्रयोग।
बहुत पुरानी है प्रथा, ख़ूब करें उपभोग ॥2॥

अति साधारण नमक है, रहते पोषक-तत्त्व।
दैनिक जीवन काम हो, नहीं रहे दूरत्व ॥3॥

सबसे ज़्यादा सोडियम, करे नमक में वास।
थोड़ा सा डालें नमक, भोजन बनता ख़ास ॥4॥

नमक (सेंधा)

व्रत में सेवन अधिक हो, अच्छा रहता स्वाद।
खायें सेंधा नमक घर, रहता नहीं फ़साद ॥1॥

मांसपेशियाँ ठीक हों, ऐंठन होती बंद।
जोड़-दर्द, पीड़ा हरे, जीवन हो आनन्द ॥2॥

हृदय-व्याधि को कम करे, भागे गला ख़राश।
मोटापा में लाभकर, कम लगती है प्यास ॥3 ॥

फ़िटकरी

एण्टीबैक्टीरियल है, रोके शोणित स्राव।
चोट-मोच उपयोग हो, और लगाये घाव ॥1 ॥

बदबू भागे देह की, करिए चूर्ण प्रयोग।
थोड़े पानी डालकर, बने स्नान संजोग ॥2 ॥

खाँसी-बलग़म रोग में, करता है ये रोक।
कील-मुहाँसे दूर हों, आनन हो आलोक ॥3 ॥

मिर्च (लाल)

लाल-मिर्च से फ़ायदा, अधिक बनाये लार।
वात-दोष को कम करे, ग्रहण वैद्य-अनुसार ॥1 ॥

कम करता कफ-दोष को, न्यून साइनस-रोग।
शोणित-प्रवाह ठीक हो, करिए न्यून प्रयोग ॥2 ॥

पित्त-व्याधि अतुलित करे, बढ़ता मूत्र-विकार।
जोड़ों की पीड़ा हरे, हो गठिया-उपचार ॥3 ॥

ज़्यादा सेवन हानिकर, करता तन बेकार।
पेट-जलन अतुलित रहे, करे नेत्र पर वार॥4॥

मिर्च (हरी)

एण्टीबैक्टीरियल है, हृदय फ़ायदेमंद।
भोजन में सेवन करें, स्वाद बने दूचन्द॥1॥

रक्तचाप संतुलित हो, मिलता है प्रोटीन।
कई जगह उपयोग करें, कुछ खाये शोक़ीन॥2॥

ताँबा-लोहा ख़ूब है, पोटैशियम अकूत।
बीटा-कैरोटीन है, लुटेन रहे प्रभूत॥3॥

मुलेठी

वात-पित्त नाशक रहे, लाभ करे अति केश।
आँख-नाक में फ़ायदा, समझें इसे विशेष॥1॥

शहद, मुलेठी नित्य लें, दूर करे अवसाद।
कुंतल सफ़ेद हो नहीं, अच्छा रहता स्वाद॥2॥

मुँह के छाले कम करे, गला-रोग उपचार।
सूखी-खाँसी नष्ट हो, भागे मूल-विकार॥3॥

अल्सर, हिचकी लाभकर, हृदय-व्याधि आराम।
स्तन में दोहज भी बढ़े, रहे मुलेठी नाम ॥4॥

नित्य मुलेठी ग्रहण हो, नियमित मासिक-धर्म।
रक्त-अल्पता दूर हो, जाने इसके मर्म ॥5॥

मेथी दाना

रामबाण निदान करे, भागे तन मधुमेह।
मेथी-दाना नित्य लें, चुस्ती-फुर्ती देह ॥1॥

दोहज, उरोज में बढ़े, महिला करे प्रयोग।
चौड़ी छाती भी बने, मेथी हो उपभोग ॥2॥

रिक्त पेट सेवन करें, कम हो कोलेस्ट्रॉल।
बूढ़े-जवान ले सभी, सेहत मालामाल ॥3॥

फोड़ा-फुंसी ख़त्म हों, आये त्वचा-निखार।
चोट-मोच में काम है, हृदय-व्याधि उपचार ॥4॥

सर्दी-ज़ुकाम लाभकर, होता उदर-निदान।
मेथी दाना में बसे, औषध गुण की खान ॥5॥

एण्टीऑक्सीडेंट है, रेशा है भरपूर।
मेथी-पानी नित्य लें, आनन आये नूर ॥6॥

मेथी अनेक गुण रहे, मिलते पोषक-तत्त्व।
घर मे मेथी हो सदा, आयुर्वेद महत्त्व ॥7॥

रतन जोत

संधि-शोथ में लाभकर, भागे पीड़ा-शीश।
हृदय-रोग को कम करे, रतन जोत दो पीस ॥1॥

रतन जोत से है नफ़ा, आती अच्छी नींद।
गञ्जापन समाप्त करे, कुंतल रहे मुफ़ीद ॥2॥

नाख़ूनों में लाभकर, चमड़ी करे निदान।
रतन जोत से ज्वर हटे, आयुर्वेद-विधान ॥3॥

ज़्यादा माला हानिकर, लीवर करे ख़राब।
चोट करे दिल पर सदा, खायें इसे हिसाब ॥4॥

लहसुन

कच्चा-लहसुन लें सदा, कम करता ग्लूकोज़।
बॉडी डिटॉक्स ये करे, तन में आये ओज ॥1॥

रिक्त-उदर लहसुन करे, कई रोग में काम।
उल्टी में है लाभकर, पेट-दर्द आराम ॥2॥

एण्टीफंगल संग में, एण्टीऑक्सीडेंट।
भोजन में सेवन करें, लहसुन परमानेंट ॥3॥

हृदय-व्याधि में लाभ दे, अच्छा रक्त-प्रवाह।
अतुलित व्यञ्जन स्वाद हो, सदैव रखिए चाह ॥4॥

सब्जी, चटनी में पड़े, पड़ता ख़ूब अचार।
सेवन करते सूप में, अच्छा है व्यवहार ॥5॥

जवाँ मर्द लहसुन करे, करता पूर्ण मुराद।
सर्दी-जुकाम ले सदा, दूर करे अवसाद ॥6॥

भूना लहसुन कारगर, कम करता कोलेस्ट्रॉल।
इम्युनिटी ज़्यादा बढ़े, जीवन हो खुशहाल ॥7॥

न्यून करे अल्जाइमर, भागे अंग थकान।
दोहज-लहसुन संग ले, औषध गुण की खान ॥8॥

लहसुन एण्टीवायरल, फॉस्फोरस भरपूर।
रहे प्रचुर सेलेनियम, भेषज है मशहूर ॥9॥

मैग़ानीज़, शोरा सहित, थोड़ा है प्रोटीन।
मिले विटामिन, कैल्शियम, रेशा, ताँबा लीन ॥10॥

लौंग

अच्छा करता रक्त को, कम करता मधुमेह।
एण्टीबैक्टीरियल है, शोभित करता देह ॥1॥

गैस, क़ब्ज़ उपचार हो, पाचन हो मज़बूत।
इम्युनिटी अपार बढ़े, ऊर्जा लौंग प्रभूत ॥2॥

सेवन तुलसी-लौंग का, बनती नहीं जुकाम।
जोड़ों की पीड़ा हरे, मिले कण्ठ आराम ॥3॥

दर्द निवारक तत्त्व है, कम करता है दर्द।
नियमित सेवन लौंग का, आनन हो गुलबर्ग ॥4॥

किडनी, लीवर हानिकर, गर्म रहे तासीर।
सर्दी में सेवन करें, अच्छा रहे शरीर ॥5॥

दाँत-दर्द आराम दे, पुरुष बने बलवान्।
तंत्र-मंत्र में भी लगे, लौंग प्रकृति वरदान ॥6॥

शाहजीरा

सब्जी, सलाद सूप में, पड़ता ज्यादा दाल।
सेवन करिए रायता, बनता स्वाद कमाल ॥1॥

जीरा, सेंधा-नमक में, थोड़ा डालें सौंफ।
पेट-दर्द आराम हो, रहें आप बेख़ौफ़ ॥2॥

लोहा, ताँबा, कैल्शियम, पोटैशियम अकूत।
मैंग्रानीज़, जस्ता मिले, अंग करे मज़बूत ॥3॥

साबूदाना

अतुलित कैलोरी रहे, हड्डी हो मज़बूत।
गर्मी से बचाव करे, ऊर्जा भरे अकूत॥1॥

ऊर्जा दिमाग़ को मिले, ठीक रक्त-संचार।
मोटापा ज़्यादा बढ़े, थोड़ा ले आहार॥2॥

ताँबा, जस्ता है बसा, मिलता है कोलीन।
फॉस्फोरस, शोरा सहित, न्यून रहे प्रोटीन॥3॥

सोंठ

सोंठ, हींग, काला-नमक, खायें पानी साथ।
गैस-दर्द आराम हो, पेड़ू-रोग प्रमाथ॥1॥

पाचन को अच्छा करे, शुगर रहे आराम।
शहद, सोंठ को नित्य लें, ज्वर में आये काम॥2॥

शीश-दर्द में फ़ायदा, गठिया करे इलाज।
मचली-हिचकी बंद हो, सुंदर सोंठ सुकाज़॥3॥

सौंफ

गर्मी में सेवन अधिक, ठण्डी हो तासीर।
सेहत हितकर सौंफ है, रखिए सदा कुटीर॥1॥

मुँह की बदबू दूर हो, अच्छा रहे दिमाग़।
गला-रोग में लाभकर, करता अच्छा राग॥2॥

रहे सौंफ अति लाभकर, अच्छा करे दिमाग।
सर्दी-जुकाम कारगर, करे श्वास-उपचार॥3॥

दाँत-दर्द में लाभकर, नियमित मासिक-धर्म।
औषध लक्षण बहुत है, जानें इसके मर्म॥4॥

पड़कर अचार, पान में, खूब बनाये स्वाद।
कवि 'अमोघ' वर्णन करें, आप दीजिए दाद॥5॥

हरड़

नमक संग घी, गुड़ रहे, औषधि बनती ख़ास।
वात, पित्त, कफ दोष का, करती हरड़ विनाश॥1॥

पीपरि, सेंधा-नमक में, डाले हरड़-चूर्ण।
क़ब्ज़-व्याधि में कारगर, अपच दवा है पूर्ण॥2॥

हरड़, बेहड़ा, आँवला, बनता त्रिफला चूर्ण।
नियमित सेवन यदि करे, पेट साफ़ सम्पूर्ण॥3॥

हृदय-व्याधि अफरा रहे, अच्छा हरड़ सलूक।
सूजन, प्लीहा-रोग में, करती काम अचूक ॥4॥

बवासीर में कारगर, यौन-रोग उपचार।
पैरों की सूजन हरे, भागे कई विकार ॥5॥

जैम बनाये हरड़ का, खायें इसको चाव।
पथरी में सेवन करें, सूखे जल्दी घाव ॥6॥

दैनिक सेवन हरड़ से, तन को मिलता लाभ।
कवि 'अमोघ' दोहा लिखें, आप बनें हेमाभ ॥7॥

हल्दी

हल्दी कड़वा स्वाद हो, गर्म रहे तासीर।
चोट-मोच में प्रयोग करें, हरता भारी पीर ॥1॥

रक्त-अल्पता दूर हो, हल्दी के गुण मूल।
दोहज-हल्दी ले सदा, कभी न जाये भूल ॥2॥

सब्जी-चटनी में पड़े, पड़ती ख़ूब अचार।
लग्न कार्य मे शुभ रहे, हल्दी का व्यवहार ॥3॥

इम्युनिटी ज़्यादा बढ़े, एण्टीऑक्सीडेंट।
हाथ-पैर पीड़ा हरे, सेवन परमानेंट ॥4॥

करता शोधन-रक्त का, हटे विषैले तत्त्व।
वात-पित्त, कफ शमन हो, हल्दी दे अमरत्व ॥5॥

हल्दी सेवन नित करें, कम करता मधुमेह।
कील-मुहाँसे ख़त्म हो, ऊर्जा भरता देह ॥6॥

हल्दी-नींबू-रस मिला, उबटन हो दो बार।
धब्बे सारे नष्ट हो, आये त्वचा-निखार ॥7॥

रंग-रूप गुण लाभकर, समझे कनक समान।
कवि 'अमोघ' लक्षण लिखे, हल्दी भोजन शान ॥8॥

हींग

रंच मात्र सेवन करें, भागे क़ब्ज़-विकार।
सर्दी मौसम कारगर, करे उदर-उपचार ॥1॥

मधु-शहद, लघु हींग से होती खाँसी दूर।
थोड़ी मात्रा सौंफ लें, श्वास-रोग काफ़ूर ॥2॥

महिलाओं में लाभकर, नियमित मासिक-धर्म।
छाछ, हींग थोड़ी पियें, जानें इसके मर्म ॥3॥

दाँत-कान के रोग में, हींग करे आराम।
यौन-रोग में कारगर, कैंसर में भी काम ॥4॥

ज़्यादा मात्रा हींग से, आते कई विकार।
पेट-जलन, उल्टी बढ़े, ग्रहण वैद्य-अनुसार ॥5॥

एण्टीबैक्टीरियल है, मिलता है प्रोटीन।
लोहा, शोरा अल्प है, करिए आप यक़ीन ॥6॥

सर्दी में सेवन करें, माला रहे सटीक।
कवि 'अमोघ' वर्णन करें, दोहा बने प्रतीक ॥7॥

सब्जी

अदरक

सेवन अदरक, गुड़ करें, नेल फ़ायदेमंद।
खाँसी-बुख़ार लाभकर, जीवन हो आनन्द॥1॥

सेवन अदरक-पाउडर, काली-खाँसी दूर।
सर्दी-जुकाम की दवा, बहुत रहे मशहूर॥2॥

मितली-उल्टी फ़ायदा, नियमित मासिक-धर्म।
अदरक औषध गुण रहे, जानें इसके मर्म॥3॥

रक्तचाप हो संतुलित, कैंसर करे बचाव।
दर्द-निवारक जूस है, करता न्यून तनाव॥4॥

इंफेक्शन को रोकता, रोके पैर खिंचाव।
पैरों की सूजन हटे, बिकता अच्छे भाव॥5॥

थोड़ी अदरक चाय में, भर दे ऊर्जा ओज।
रोग-संक्रमण रोक दे, है वैज्ञानिक खोज॥6॥

हृदय-व्याधि सेवन करें, लाभ रहे मधुमेह।
चुस्ती-फुर्ती तन भरे, हरदम रखिए गेह॥7॥

फ़ॉस्फोरस, सेलेनियम, मिलता है प्रोटीन।
मैगनीज़, सोडियम है, औषधि है प्राचीन॥8॥

रेशा, शोरा संग में, रहे थायमिन लीन।
कॉपर, अदरक में रहे, जीवन बने रंगीन॥9॥

प्रतिरोधक-क्षमता बढ़े, तन से जाये रोग।
कवि 'अमोघ' लक्षण लिखें, आप करें उपयोग ॥10॥

अरवी

उदर-रोग में हानिकर, अरवी का हो त्याग।
गरिष्ठ भोजन में गिनें, मोटा करे दिमाग़ ॥1॥

न्यून विटामिन 'ई' रहे, अतिकम रेशा लीन।
शोरा, लोहा कम रहे, मत खायें रूटीन ॥2॥

किडनी-पथरी रोग में, अरवी से नुक़सान।
वात-रोग अतुलित करे, रोके ज़्यादा व्यान ॥3॥

आलू

सुलभ सदा आलू रहे, सस्ता है आहार।
अलग-अलग व्यञ्जन बने, किस्में कई प्रकार ॥1॥

सब्जी, पापड़ घर बने, प्रयोग कई प्रकार।
आलू सेवन अधिक हो, निलय बने भण्डार ॥2॥

हर मौसम आलू मिले, सब्जी हो गुलज़ार।
सस्ती या महँगी रहे, होती जय-जयकार ॥3॥

हृदय-रोग में फ़ायदा, स्कर्वी-व्याधि सुकाम।
पथरी, सूजन कम करे, नींद मिले आराम ॥4॥

आलू खायें वो नहीं, जिनको है मधुमेह।
अधिक क़ब्ज़ आलू करे, हानि करे अति देह ॥5॥

शोरा मात्रा अधिक है, हड्डी हो मज़बूत।
कैलोरी आलू बसे, है ग्लूकोज़ प्रभूत ॥6॥

कार्बोहाईड्रेट है, संग रहे प्रोटीन।
जिंक, फाइबर, सोडियम, स्वाद लगे शीरीन ॥7॥

उत्तर प्रदेश प्रथम है, फिर बंगाल, बिहार।
भारत नम्बर तीन है, इस पूरे संसार ॥8॥

ककड़ी

किडनी-कैंसर फ़ायदा, कम हो कोलेस्ट्रॉल।
गर्मी में खायें अधिक, मन रहता खुशहाल ॥1॥

ऊपर छिलका मत छिले, होता पोषक-तत्त्व।
कैलोरी अति न्यून हो, ककड़ी अलग महत्त्व ॥2॥

यूरिक-एसिड संतुलित, हो पीलिया-इलाज।
रक्तचाप में कारगर, ककड़ी दे शीराज़ ॥3॥

रेशा, शोरा संग में, रहता है ल्यूटीन ॥
मन भर खायें शुगर में, नहीं रहे शीरीन ॥4॥

कचरी (इन्द्रायण)

ज़्यादा सेवन मत करें, करता तन नुक़सान।
गुण अनेक कचरी रहे, औषधि में है मान॥1॥

गाँठ, दमा नाशक रहे, करे पीलिया दूर।
काली-खाँसी फ़ायदा, भूख दवा मशहूर॥2॥

मिर्गी, पथरी शमन हो, कम हो रोग-प्रमेह।
नियमित मासिक-धर्म हो, सुंदर करता देह॥3॥

श्वास-उदर में फ़ायदा, काले होते बाल।
कीड़े मरते दाँत के, जीवन हो खुशहाल॥4॥

कद्दू
(Pumpkin)

सर्व सुलभ कद्दू रहे, बनती सब्जी-खीर।
मीठा हलवा भी बने, डाले इसमें क्षीर॥1॥

क़ब्ज़-रोग में लाभकर, अच्छा हो मधुमेह।
हृदय-व्याधि में फ़ायदा, हरदम रखिए गेह॥2॥

कच्चा-पक्का मधुर हो, दोने के उपयोग।
औषधि कद्दू बीज में, करे देह नीरोग॥3॥

कैलोरी, रेशा मिले, रहता है प्रोटीन।
न्यून विटामिन 'ई' रहे, कई तत्त्व है लीन॥4॥

करैला

शुगर-रोग में अमृत सम, नित्य करैला पान।
सब्जी-चूरन, जूस पियें, बन जायें बलवान्॥1॥

खण्ड-खण्ड पथरी करे, जाये मूत्र-विकार।
हैजा से राहत रहे, बवासीर-उपचार॥2॥

फोड़ा-फुंसी नष्ट हों, मुँह छाले आराम।
ज़िगर-रोग में लाभकर, करें रतौंधी काम॥3॥

कीड़े मारे पेट के, करता क़ब्ज़ निजात।
लीवर को अच्छा करे, गुण इसके प्रज्ञात॥4॥

चर्म-रोग भी दूर हो, करता शोणित-साफ़।
उदर-व्याधि में फ़ायदा, मोटापा हो हाफ़॥5॥

कील-मुहाँसे, पीलिया, रहती दवा अचूक।
नियमित सेवन जूस का, साथ रहे जम्बूक॥6॥

प्रतिरोधक-क्षमता बढ़े, खसरा करता चूर।
जोड़ों की पीड़ा हरे, करे आस्थमा दूर॥7॥

ज़्यादा कड़वा स्वाद हो, भागे कई विकार।
कवि 'अमोघ' दोहा लिखें, दवा वैद्य-अनुसार॥8॥

बीटा, कैरोटीन है, मिलता है ल्यूटीन।
लोहा, शोरा भी मिले, औषध है प्राचीन॥9॥

मैगनीज़ ज़्यादा रहे, मिलता है प्रोटीन।
है रेशा, मैग्नीशियम, संग विटामिन लीन॥10॥

कुंदरू
(cocclnia)

हृदय-रोग में लाभ हो, भागे दूर तनाव।
सब्जी, चटनी भी बने, खाये कुंदरू चाव ॥1॥

मोटापा हो संतुलित, शुगर फ़ायदेमंद।
किडनी, कैंसर की दवा, थोड़ा लें आनन्द ॥2॥

एण्टीबैक्टीरियल है, स्वाद मिले शीरीन।
एण्टी-कैंसर गुण बसे, थोड़ा है प्रोटीन ॥3॥

खीरा

सुबह-शाम दोपहर में, खायें खूब सलाद।
जाये पैरों की जलन, दूर करें अवसाद ॥1॥

करिए सेवन बीज, फल, पत्ते का उपयोग।
बीज तेल प्रयोग करें, करता तन नीरोग ॥2॥

खीरे में पानी अधिक, कम हो मूल-विकार।
पथरी, फ्लू में कारगर, करे दाग़ उपचार ॥3॥

कील-मुँहासे दूर हों, कम करता मधुमेह।
उदर-रोग में फ़ायदा, पानी देता देह ॥4॥

इम्युनिटी अतुलित बढ़े, सर्दी-जुकाम दूर।
जोड़ों की पीड़ा हरे, नेत्र-दवा मशहूर ॥5॥

भास्वर, रेशा संग में, रहे विटामिन लीन।
लोहा, शोरा अधिक है, खीरा लें रूटीन ॥6॥

गाजर

नारंगी, काली मिले, सबसे ज़्यादा लाल।
कई रंग गाजर रहे, रहता पूरा माल ॥1॥

सब्जी, अचार में पड़े, अच्छा बने सलाद।
गाजर हलवा मधुर हो, लगता भोग प्रसाद ॥2॥

कैंसर जोख़िम कम करे, आये त्वचा-निखार।
बालों को पोषण मिले, भागे नेल-विकार ॥3॥

रक्तचाप हो संतुलित, हड्डी हो मज़बूत।
गाजर सेवन नित्य हो, ताकत रहे प्रभूत ॥4॥

हृदय-व्याधि में लाभकर, पाचन करे सुधार।
लीवर की रक्षा करे, लें डॉक्टर अनुसार।5॥

शोरा, लोहा संग में, कई विटामिन लीन।
कैलोरी, रेशा सहित, बीटा-कैरोटीन ॥6॥

इम्युनिटी अतुलित बढ़े, गिलास भर लें जूस॥
कवि 'अमोघ' लक्षण लिखें, आप करें महसूस ॥7॥

गोभी-पत्ता

पत्ता गोभी सूप से, न्यून मोतियाबिंद।
गमले में गोभी लगे, गमला रहे अलिंद॥1॥

गोभी, गाजर जूस से, अल्सर जाये भाग।
पोषण मिलता ब्रेन को, जलता नया चिराग़॥2॥

सब्जी नूडल संग में, बनता सूप, सलाद।
पाचन को अच्छा करे, भोजन बढ़ता स्वाद॥3॥

शोरा, रेशा संग में, रहे नियासिन लीन।
कैलोरी अति न्यून हो, मिले जिंक प्रोटीन॥4॥

कार्बोहाईड्रेट सह, एण्टीऑक्सीडेंट।
हल्का कोलेस्ट्रॉल हो, मैगनीज़ एजेण्ट॥5॥

गोभी-फूल

साईप्रस जन्म-स्थल है, सबसे पहली बार।
भारत में है आगमन, मुगल काल बाज़ार॥1॥

अच्छा कोलिन स्रोत है, करता तेज़ दिमाग़।
आप सभी रखिये सदा, गोभी से अनुराग॥2॥

पेट-दर्द कोलायटिस, करता शोणित-साफ़।
हड्डी को कठोर करे, दर्द मसूढ़ा-हाफ़॥3॥

गोभी, पत्ता, फूल, रस, आये औषध काम।
जोड़ों की पीड़ा हरे, चर्म-रोग आराम॥4॥

रेशा माला न्यून हो, रहता आयोडीन।
लोहा, शोरा है भरा, कई विटामिन लीन॥5॥

जस्ता, ताँबा भी रहे, मिलता है प्रोटीन।
अति लघु है मैग्नीशियम, लीवर करे नवीन॥6॥

चुकन्दर

रक्तचाप को कम करे, हड्डी करे विकास।
केशों को अति फ़ायदा, ताकत मिलती ख़ास॥1॥

जूस चुकन्दर के पियें, पौष्टिक रहे सलाद।
खट्टा-मीठा स्वाद हो, मत ले अधिक तदाद॥2॥

लोहा, शोरा संग में, मिलता है बोरॉन॥
भास्वर, रेशा, कैल्शियम, रहे चुकन्दर खान॥3॥

टमाटर

बहुत अधिक उपयोग हो, रहता सलाद शान।
सब्जी, चटनी सूप से, है इसकी पहचान॥1॥

रहे विटामिन 'ए' अधिक, लोचन बढ़ता नूर।
लाभ करे अतिसार में, खायें सब्जी ज़रूर॥2॥

उदर-रोग संजीवनी, लाभ करे मधुमेह।
नज़ला-जुकाम दूर हो, सुंदर बनती देह॥3॥

बेरी-बेरी रोग में, करे टमाटर काम।
गठिया, सूखा फ़ायदा, कमर-दर्द आराम ॥4॥

पथरी, कैंसर लाभकर, रक्त-स्राव दे रोक।
रक्तचाप हो संतुलित, खायें मरीज़ ढोक ॥5॥

कफ-विकार को दूर कर, कीड़े मारे पेट।
मूल-रोग आराम दे, रखिए सदैव प्लेट ॥6॥

इम्युनिटी ज़्यादा बढ़े, लीवर में आराम।
कई विटामिन भी रहे, अच्छा इसका काम।7॥

बीटा-कैरोटीन है, मिलता है प्यूटेन।
वसा टमाटर में रहे, घर की सब्जी मेन ॥8॥

टिंडा

यवक्षार, टिंडा मिला, पियें गरम कर जूस।
टूट-टूट पथरी गिरे, नहीं रहें मायूस ॥1॥

रक्तचाप हो संतुलित, करे पीलिया काम।
पाचन-क्षमता अधिक हो, सूजन में आराम ॥2॥

इम्युनिटी ज़्यादा बढ़े, एण्टीऑक्सीडेंट।
मिलता लोहा अधिक है, खायें परमानेंट ॥3॥

मूल-रोग में लाभ दे, मेमोरी हो तेज।
हृदय-व्याधि को कम करे, करता पेट सचेत ॥4॥

तोरई

पत्ता, गूदा, बीज से, बनता औषधि चूर्ण।
कुष्ठ-रोग में फ़ायदा, बाल-दवा सम्पूर्ण॥1॥

नियमित सेवन तोरई, तन बढ़ती है भूख।
औषध में उपयोग हो, फोड़े जाते सूख॥2॥

पथरी, लीवर कारगर, बवासीर आराम।
पित्त-रोग को कम करे, मिले कई परिणाम॥3॥

कार्बोहाईड्रेट लघु, ज़्यादा आयोडीन।
कई विटामिन हैं मिले, भरा पड़ा फ्लोरीन॥4॥

प्याज़

कई विटामिन प्याज़ में, लाभ करें मधुमेह।
नियमित सेवन प्याज़ का, हरदम रखिए गेह॥1॥

आँखों को अति फ़ायदा, मिले प्लूटाथिओन।
नियमित सेवन प्याज़ से, रक्षित कैंसर जोन॥2॥

प्रतिरोधक-क्षमता बढ़े, हो हैज़ा उपचार।
सुबह-शाम सेवन करें, भागे अंग बुखार॥3॥

किडनी, पथरी कारगर, मेमोरी हो तेज।
खायें कच्ची प्याज़ को, करिए नहीं गुरेज़॥4॥

बलग़म को बाहर करे, थोड़ी कच्ची प्याज़।
कान-दर्द में लाभकर, ये है औषधि राज़ ॥5॥

हृदय-व्याधि में कारगर, कम करता अवसाद।
कच्ची-पक्की प्याज़ का, होता अच्छा स्वाद ॥6॥

एण्टीसेप्टिक प्याज़ है, कम हो कोलेस्ट्राल।
ओमेगा, सेलेनियम, खायें प्याज संभाल ॥7॥

लघु लोहा मैग्नीशियम, एण्टीऑक्सीडेंट।
एण्टीबैक्टीरियल है, खायें परमानेंट ॥8॥

कई रोग की है दवा, निर्बल घर की शान।
कवि 'अमोघ' दोहे लिखें, गुण का रखिए ज्ञान ॥9॥

परवल

प्रतिरोधक-क्षमता बढ़े, इंफेक्शन हो दूर।
कीड़े मारे पेट के, क़ब्ज़ दवा मशहूर ॥1॥

मूल-रोग में फ़ायदा, लहू करे ये साफ़।
सूजन जाये उदर की, होता बलग़म-हाफ़ ॥2॥

परवल सेवन नित्य हो, आये त्वचा कसाव।
सब्जी मीठी भी बने, खायें इसको चाव ॥3॥

मिलता रेशा संग में, एण्टीऑक्सीडेंट।
है फॉस्फोरस, कैल्शियम, खायें परमानेंट ॥4॥

पालक

मेमोरी अति तेज हो, रक्त-अल्पता दूर।
अग्न्याशय में लाभकर, आँख दवा मशहूर॥1॥

काले-धब्बे नष्ट हों, होता त्वचा-सुधार।
बालों को पोषण मिले, पालक लें हर वार॥2॥

कील-मुहाँसे दूर हों, हड्डी हो मज़बूत।
पालक के अंदर रहे, पोषक-तत्त्व प्रभूत॥3॥

मात्रा ल्यूटिन की रहे, अच्छा दिखता सीन।
कई विटामिन संग में, बीटा-कैरोटीन॥4॥

इम्युनिटी ज़्यादा भरी, पालक सब्जी साग।
उदर-रोग में फ़ायदा, सदा रहे अनुराग॥5॥

पुदीना

हरी-हरी पत्ती रहे, रस रहता भरपूर।
चटनी में डालें इसे, स्वाद बने मशहूर॥1॥

पत्ती-पानी पीसकर, करिए कुल्ला रोज़।
मुँह की बदबू दूर हो, बहुत पुरानी खोज॥2॥

उल्टी आना बंद हो, पेट-दर्द काफ़ूर।
जीरा, काली-मिर्च में, डालें हींग ज़रूर॥3॥

पित्ती, हिचकी लाभकर, लू का करे इलाज।
छोटी सी पत्ती बसे, औषध गुण के राज़ ॥4॥

प्याज़, पुदीना संग में, नींबू रस ले घोल।
हैज़ा में है कारगर, औषध ये अनमोल ॥5॥

कान-दर्द में लाभ हो, अपच समस्या दूर।
श्वास नली सूजन हटे, दस्त-दवा मशहूर ॥6॥

वसा संग लोहा मिले, रहे अपच में रोल।
हल्का-ताँबा भी रहे, औषधि है अनमोल ॥7॥

बथुआ

बथुआ का बनता सदा, घर में सूखा साग।
अच्छे पाचन के लिए, रहे अमित अनुराग ॥1॥

रक्त-पित्त में लाभ दे, न्यून मसूढ़ा रोग।
दाँत-दर्द में लाभ दे, करिए नित्य प्रयोग ॥2॥

खूनी-बवासीर सहित, पेचिश में आराम।
औषध है ल्यूकोरिया, करता गठिया काम ॥3॥

फॉस्फोरस, कैल्शियम है, रहे विटामिन लीन।
अतुलित शोरा भी मिले, मिलता है प्रोटीन ॥4॥

बथुआ ऑक्जेलिम मिले, जो करता नुक़सान।
ज़्यादा मात्रा लें नहीं, करे कई व्यवधान ॥5॥

बैंगन

रसेदार सब्जी बने, सूखी में भी स्वाद।
बैंगन भर्ता लाभकर, दूर करे अवसाद॥1॥

बैंगन ज़्यादा लें नहीं, जलन बढ़ाये पेट।
एलर्जी परहेज़ हो, तन हो मटियामेट॥2॥

धूम्रपान के त्याग में, लगता बैंगन काम।
ऑक्जलेट ज़्यादा रहे, वादीपन में नाम॥3॥

भिंडी

भिंडी सब्जी लाभकर, राहत दे मधुमेह।
नियमित सेवन यदि करें, सुंदर रहती देह॥1॥

हल्की सब्जी में गिनें, पाचन हो मज़बूत।
ज़्यादा मात्रा फाइबर, है कैल्शियम अकूत॥2॥

ओजलेट मात्रा अधिक, गुर्दे को नुक़सान।
ख़तरा पथरी-पित्त का, ये रोगी हैरान॥3॥

भूनी-भिंडी हानिकर, बढ़ता कोलेस्ट्रॉल।
कच्ची भिंडी लाभकर, खायें इसे उबाल॥4॥

पालीफेनॉलिक रहे, मिलता यूगेनॉल।
अंदर रहता लसलसा, गाँठ बने खुशहाल॥5॥

हीमोग्लोबिन स्रोत है, रहे थायमिन लीन।
रहे विटामिन संग में, बीटा-कैरोटीन॥6॥

मशरूम

इंफेक्शन को रोक दे, रहते नाना तत्त्व।
जस्ता, ताँबा संग में, शोरा रहे महत्त्व॥1॥

हृदय-व्याधि में लाभकर, रहे शुगर-आराम।
कम करता है वजन को, रक्तचाप में काम॥2॥

कैलोरी का स्रोत है, करें कुपोषण दूर।
त्वचा-रोग में लाभकर, ऊर्जा दे भरपूर॥3॥

मूली

मूली खाली पेट लें, भागे क़ब्ज़-विकार।
रामबाण भेषज रहे, बढ़ती भूख अपार॥1॥

नींबू, मूली-रस, नमक, वजन करे काफूर।
दमा-रोग में कारगर, ये औषध मशहूर॥2॥

मूली पत्ता, जड़ सहित, करता औषध काम।
चाँदी जैसे दाँत हों, किडनी में आराम॥3॥

मूली का अचार बने, बनता खूब सलाद।
मूली सेवन नित्य हो, वपु जाये अवसाद॥4॥

मूत्र-रोग में कारगर, भागे तन मधुमेह।
लीवर गुर्दा लाभकर, करता दुरुस्त देह॥5॥

ठीक रक्त-संचार हो, पायरिया आराम।
मूली हिचकी की दवा, कम सेवन हो शाम॥6॥

राजमा

गर्भावस्था लाभकर, शामिल हो आहार।
बच्चों को विकसित करे, होते कई सुधार॥1॥

रक्तचाप हो संतुलित, रोके कैंसर-रोग।
कम करता मधुमेह को, सब्जी करे प्रयोग॥2॥

इम्युनिटी अतुलित बढ़े, पाचन हो मज़बूत।
क़ब्ज़-रोग से मुक्ति हो, ऊर्जा रहे अकूत॥3॥

भास्वर, लोहा संग में, एण्टीऑक्सीडेंट।
ज़्यादा रेशा, कैल्शियम, है कॉपर एजेण्ट॥4॥

लोकी

रामबाण मधुमेह में, है लोकी वरदान।
भोजन में लोकी रहे, नियमित बने विधान॥1॥

रक्तचाप को कम करे, सेवन लोकी जूस।
लीवर सूजन-न्यून हो, न हों आप मायूस॥2॥

हृदय-व्याधि में लाभकर, मोटापा हो दूर।
अपच-समस्या नष्ट हो, ऊर्जा दे भरपूर ॥3॥

पित्त-रोग में लाभ दे, कम हो मूल-विकार।
बालों को पोषण मिले, किडनी का उपचार ॥4॥

लोकी में जल अमित है, वसा, थियामिन लीन।
शोरा, लोहा संग में, मिलता है प्रोटीन ॥5॥

मिलता ताँबा संग में, कार्बोहाईड्रेट।
कई विटामिन भी रहे, लोकी लें भर पेट ॥6॥

शिमला मिर्च

रंग हरे, पीले रहे, मिलते है ये लाल।
खाने में स्वादिष्ट हो, सेहत करे कमाल॥1॥

अधिक रक्त तन में बढ़े, भागे अंग-तनाव।
अच्छा सलाद भी बने, शिमला खायें चाव॥2॥

इम्युनिटी अतुलित रहे, कम करता मधुमेह।
रोके कैंसर-रोग को, शिमला से हो नेह॥3॥

फैरोटीनॉयड रहे, मिलता है ल्यूटीन।
जैक्सेथिन आयरन है, रहे विटामिन लीन॥4॥

शिशुमूल (अरारोट)

अरारोट में है भरा, अनेक पोषक-तत्त्व।
घने मुलायम बाल हो, व्यञ्जन रहे महत्त्व॥1॥

अरारोट खायें नहीं, दोहज, फल-रस संग।
सेहत को नुक़सान हो, करे रंग में भंग॥2॥

व्यञ्जन को गाढ़ा करे, करता दूर तनाव।
मूल-रोग को कम करे, ऐसा वैद्य-सुझाव॥3॥

सहजन

हैजा, पेचिश, दस्त में, पत्ते का है काम।
रोग दूर हो पीलिया, बंद नाक आराम॥1॥

यौन-रोग में लाभ दें, बवासीर-काफ़ूर।
पथरी में आराम हो, क़ब्ज़ समस्या दूर॥2॥

अर्क पियें सहजन सदा, कम कर दे मधुमेह।
हृदय-रोग में लाभ है, अच्छा लीवर देह॥3॥

अतुलित मिलता कैल्शियम, एण्टीऑक्सीडेंट।
प्रतिरोधक-क्षमता बढ़े, ओमेगा एजेण्ट॥4॥

एण्टीबैक्टीरियल है, बीटा-कैरोटीन।
एस्कॉर्बिक-एसिड रहे, कई विटामिन लीन॥5॥

सियाटिका, गठिया सहित, करता कई इलाज।
यकृत, वात में लाभकर, सहजन बसता राज़॥6॥

सूरन (जिमीकन्द)

रक्त-शर्करा कम करे, कम हो कोलेस्ट्रॉल।
कैंसर से बचाव रहे, खायें ये संभाल॥1॥

बवासीर अति कारगर, उदर करे अति साफ़।
गठिया-इलाज भी करे, होता तनाव हाफ॥2॥

फॉस्फोरस, पोटैशियम, रहता है प्रोटीन।
कैलोरी, रेशा मिले, रहे विटामिन लीन॥3॥

फोलिक-एसिड लघु वसा, बीटा-कैरोटीन।
रहे नियासिन अत्यधिक, खायें कुछ शौक़ीन॥4॥

सेम की फली

ज़्यादा बढ़ता रक्त है, नियमित मासिक-धर्म।
सेम फली ऊर्जा भरे, जानें इसके मर्म॥1॥

शीतल भारी मधुर हो, करे पित्त-कफ दूर।
वात-रोग इससे बढ़े, बलकारक मशहूर॥2॥

साफ़ दाग़-धब्बे करे, आये त्वचा-निखार।
शोणित-शोधन भी करे, हृदय करे उपचार॥3॥

सेम बीज प्रोटीन है, बनती इसकी दाल।
गला-दर्द आराम दे, सर्दी की है काल॥4॥

हरा मेथी साग

उच्च-रक्त हो संतुलित, हृदय-रोग उपचार।
शुगर-रोग को कम करे, भागे उदर-विकार ॥1॥

ठण्डी में खायें अधिक, पालक मेथी साग।
पेट साफ़ हरदम रहे, पूरा खुले दिमाग़ ॥2॥

इम्युनिटी अतुलित बढ़े, कम हो कोलेस्ट्रॉल।
सुबह-शाम सेवन करें, जीवन हो खुशहाल ॥3॥

जोड़ों की पीड़ा हरे, बनते अलक कमाल।
मेथी-पत्ती लाभकर, होता गाल गुलाल ॥4॥

प्रतिदिन मेथी चूर्ण लें, कम करता मधुमेह।
मूत्र-रोग अति कारगर, मेथी रक्खें गेह ॥5॥

शोरा, लोहा है भरा, रहे विटामिन तत्त्व।
ताँबा रेशा भी रहे, इसका बहुत महत्त्व ॥6॥

हरा सरसो साग

सुबह-शाम सेवन करें, घर में सरसो साग।
ठण्डी में ज़्यादा मिले, पोषण मिले दिमाग़ ॥1॥

हृदय-व्याधि में लाभकर, न्यून रहे मधुमेह।
चुस्ती-फुर्ती खूब हो, अति बलवर्धक देह ॥2॥

कम कैलोरी साग में, एण्टीऑक्सीडेंट।
अच्छी मात्रा फाइबर, खायें परमानेंट ॥3॥

हरा सोआ (सोया)

सोया, मेथी साग से, करिये ज़्यादा नेह।
उदर-रोग नाशक रहे, अमित लाभ हो देह ॥1॥

इम्युनिटी अतुलित भरी, नियमित मासिक-धर्म।
भेषज सोया में अधिक, जानें इसके मर्म ॥2॥

सोया-पत्ती लाभकर, कम करता मधुमेह।
है एण्टीबैक्टीरियल, अति बलवर्धक देह ॥3॥

ताकत-पाचन की बढ़े, रेशा मिले प्रभूत।
क़ब्ज़-व्याधि अति कम करे, हड्डी हो मज़बूत ॥4॥

साग संग भोजन मिले, नियमित बने विधान।
कवि 'अमोघ' दोहे लिखें, लक्षण लें पहचान ॥5॥